だいわ文庫

怒らないこと2

アルボムッレ・スマナサーラ

大和書房

はじめに

怒らないこと。それは人生を幸せに生きるために欠かせない、大切な心がまえです。しかし、「怒ることは悪い。だから怒らないようにしよう」と頭ではわかっていても、実際はそうはなりません。「怒る」ということは、そうとうに根深い問題なのです。

この本では、「怒らないこと」は人が生涯をかけるにふさわしい、人生の目標とするに値するテーマなのだということをおはなししたいのです。怒らないことには、とても勇気がいります。だらしのない人格には、到底無理なことです。「怒らない」とは、心を成長させることなのです。

その道のりを一歩一歩、階段を上るように実践していくなら、間違いなく幸せな人生を送れるのです。

「怒らないこと」が達成されたとき、人は幸せになれます。せっかく人として生まれて生きているのですから「幸福になる」という、とても大きな仕事をやりきってみてはいかがでしょう。

世の中では、「怒るのはよくない」という言葉をよく耳にしますが、本当のところは「怒りは悪である」という理由を誰もきちんとわかっていないのです。世間の本音は「いざとなったら怒るのもしょうがない。それで解決することもある」というものです。しかし、心の科学である仏教の立場から言わせていただくなら、「どんな怒りであろうと、怒りによる行為の結果は、かならず不幸で終わる」のです。

怒りは猛毒です。仏教では「病気」という言葉を使っています。怒りに心を汚染されたら、人間の成長は止まってしまいます。怒りには、さらに深い心の真理、生命の真理が隠されています。生命の根本的な問題が関わっているのです。そしてお釈迦さまは、生命にとって根本的な問題を探り当てて、怒りの心を治すお医者さまなのです。

怒りは、智慧と理解で克服するものです。我慢するもの、押さえつけるものではありません。怒りの克服とは、幸福になるプロセス、自分が成長していくプロセスです。そのための道を一歩、一歩、進んでいくことです。試しにやってみても、まったく損はありません。人生をかける気持ちで、気長に取り組んでいただきたいと思います。

アルボムッレ・スマナサーラ

『怒らないこと 2』

もくじ

はじめに…………3

第1章 怒りとは生命の根源にある感情

なぜ怒る?…………16

生命は生まれつき怒っている
生まれつき明るい人
怒りの起源
「気分がいい」ってどういうこと?
「希望」大好き
希望と現実
「怒り」の精密な手術

生命とはなにか…………24

生き物の定義
人類は「生命」を誤解している
物質と生命の違いを確認する実験
生命のみにある機能
物質は自分を直せない
お釈迦さまの呼吸実験
感覚は「苦」
「苦」の消える瞬間はない
「苦」を認識するとき
「希望」と「苦」の相関関係
絶え間ない「苦」＝絶え間ない「怒り」
怒りをもたずには生きられない
怒りの起源に挑戦する

妄想で生きる生命のシステム …… 37

「生きることは苦」という発見
「嫌だ」は怒り
幸福は妄想
勘違いの幸福
「楽」を求めて
「苦」を増やしている現代社会
目的に達しても「苦」
怒りの終焉への道
生きる道は二つ

感情は怒りの塊 …… 47

「なんとしてでも」が感情
感情とは理由のない気持ち
「苦」がなくなったら大変
恐怖にかられる瞬間
生きることにしがみつく

「欲」は「怒り」の別バージョン …… 53

根本にあるのは「怒り」
「怒り」か「欲」か
欲をなくすことは難しい
性欲は、どうでもいい欲
子どもをなぜつくるのか
「計画」を立てて実行する欲
基本的な欲求と観念的な欲求
性行為は五感を一度に刺激する
チャネルが多いほど楽しく、苦しい
妄想概念は爆発する
「欲」の人より、「怒り」の人は育つ

生命が感じていること……64
人は怒りでだめになる
破滅への道
恐怖をやり過ごす
恐怖を感じない生命はない
無意識にある恐怖
人生は強制収容所
道を考える
逃げ回らない道——中道

人生とはなにか……74
人生の目的とはなにか？
世間の道を生きるとは
人生の本質を理解する
究極の選択
生きるとは、巨大な矛盾
車輪の内側を生きる
車輪の外側を目指す

第2章 怒りの姿

怒りを知る……80
怒りは二四時間
原子一個ぶんの怒りに気づく
怒り克服への道
怒りを指名手配する

怒りは十種類……84
怒りには種類がある
怒り①—Dosa（ドーサ）「基本的な怒り」
怒りは育ってしまう
度を超えた怒りは九種類
怒り②—Vera（ヴェーラ）「憎悪」
怒り③—Upanāha（ウパナーハ）「怨み」
感情に執着している
「嫌なこと」が心を占領する
怒り④—Makkha（マッカ）「軽視」
カラスの性格
マッカに至るプロセス
良いところが見えてしまう
誰でもウイルスをもっている
怒り⑤—Palāsa（パラーサ）「張り合い」
怒り⑥—Issā（イッサー）「嫉妬」
自分に焦点を合わせる
怒り⑦—Macchariya（マッチャリヤ）「物惜しみ」
楽しみの独り占め
豊かさの逆をいく
目指すべきは「共有」
怒り⑧—Dubbaca（ドゥッバチャ）「反抗心」
かたくなな自我
コミュニケーションの拒否
学びを拒否してはいけない
覚りからもっとも遠い人
自我でぎゅうぎゅうに詰まった殻
反抗心と探究心の違い
怒り⑨—Kukkucca（クックッチャ）「後悔」
後悔は罪を大きくする
終わりのない妄想
怒り⑩—Byāpāda（ビャーパーダ）「激怒」
異常な怒り
大量殺戮《さつりく》の感情
自分を守るとは？
理屈の成り立たない怒り
十種類の怒りに繊細に気づいていく

怒りに対処する……124
気づいたらすぐ消す
怒りの繁殖を抑える
「明るさが減ってきた」に気づく
観察材料は二つある
観察すべきは自分の心
戦わず、観察する
怒りの処方箋を説いたのはブッダだけ
ポイントは「いったん停止」
なくそうとはしないこと
それでもおさまらないときは
最短の道は智慧の開発
蜃気楼を楽しむ
智慧はいざというときものを言う
わかったふりをしない
なにより真剣に「怒り」を学ぶ

第3章 人格を完成させる人生論

究極の真理を理解する……140
怒りを克服するために
生命の成り立ちに遡《さかのぼ》る
「私」が曲者
育つにつれて「私」が強くなる
「私」は概念に過ぎない

「私」は一貫していない
「私」という概念は厄介な代物
「同じ私」という大きな誤解
自分が一人ぼっちになる瞬間
「自分」と「他人」を隔てる殻
「自分」が怒りをつくり出す
自我の価値
守りたい自分の命
殺し合いは自我のゆえ

自我は管理したがる ……53

すべての争いのもと
「こうなってほしい」は、極限の無知
管理しようとする怒りの世界
管理するという自我の病
世界を変えようとすること
完璧な管理に成功した
　マイケル・ジャクソン
完璧な作品でも感動は続かない

自我がつくり出す世界 ……6

自我の世界は冷たい
　「怒ってはいけない」という怒り
優しさのない世界を生きる
現実を直視した人生論
怒りで耐えれば自己破壊になる
幻覚がつくり出す際限のない世界
世間の道は、破壊の道
錯覚の自我のために
生きているという人生論
目指すべき場所

もくじ

新しい人生論は自我を破る……169
最小限に怒る人
余分にもつ必要などない
適量、適度を知る
世間の道は自己破壊の道
無量の苦しみを適度な苦しみにする
自我が生まれるプロセスを学ぶ
痛い腰は「私」ではない
あとから割り込んでくる「私」
ただ流れて消えていく
希望どおりにいかないのが当たり前
自我はないという事実を知る
他人のありがたさを知る

本当の道徳……179
感謝とは？
「謙虚」をはき違えている
「必要」と「欲しい」を見極める
「許す」は格好悪い
「許し」は成り立たない
イエスは不完全ではない？
間違いを犯さない者はない
不完全な神
「許す」が消える
形だけの道徳ではうまくいかない
本当に道徳的な人
理解がもたらすもの
他人の気持ちがわかる人
智慧のあるやすらかな心

第4章

幸せの道を生きる

勇気のある生き方 ……………… 194

生命は誰でも怠けたい
奮い立たせるもの
やってはいけないことの見分け方
自分のためになることの見分け方
「精進」はあえてやるもの
自己暗示でも奮い立つ
理解で成し遂げる
成功はいつでもまぐれ
がんばることは欠かせない
怒りは向上心ではない
なぜ究極のエコカーがつくれないか

成功する生き方 ……………… 206

迷信や屁理屈を退ける
結果を出すための方法
問題は目的の良し悪し
実行するのは役に立つこと
役に立っている実感があれば幸せ
ボランティアも怒りでやってはだめ
目的を小さな単位に分解する
やる気が必要な仏道、ほどほどでいい世間のこと
喜びならすべてうまくいく
喜びをつくり出す
適切なエネルギー量でがんばる
仏教の生き方

もくじ

慈悲を生きる……218

智慧と慈しみの生き方
誰もが苦しんでいるから、慈しむ
「慈悲の瞑想」で怒りがなくなる
自分以外の「生命のおかげ」で生きている
慈しみが生まれてくれば怒りが消えていく
罪のない怒り
怒りを完全に克服するとは
慈しみを植えつける
慈しみを人生論とする

怒りの原因は、本当は笑いの種……227

ゾフィー上田航平×アルボムッレ・スマナサーラ 対談

第1章

怒りとは生命の根源にある感情

なぜ怒る？

生命は生まれつき怒っている

人間には誰でも希望というものがあります。たいがいの人は、毎日明るく、ニコニコとして生きていられたらいいと思っているのではないでしょうか？「怒ってもいいことなどないと知っている」という人もいるでしょう。しかしそういう人でも、実際に怒らないでいられるのかというと、どうもそんなことはないようです。誰でも、なにか不愉快なことがあったりすると、感情が波だって怒ってしまいます。「もう私は金輪際《こんりんざい》、怒りません」と決めてみても、結局、なにかあれば怒りに負けてしまいます。

「明るく生きていきたい」という希望があるにもかかわらず、どうしてもわれわれは怒ってしまいます。どんなに決心しようが、石にかじりつこうが怒ってしまいます。いったいなぜなのでしょうか？　ここで答えを先に言ってしまいます。なぜなら**生命は生まれつき怒っているからなのです**。生きている限り、人間は怒っています。

生まれつき明るい人

世の中には、生まれつき明るい性格の人もいます。まるで怒りとは無縁なような人です。いつもニコニコとしていて、なにか困ったことがあっても「まあ、そういうものでしょうね」というくらいの感じで、あまりものごとにとらわれないで、気にしないで生きています。そういう人を、よく世間では「仏さまのような人」と表現したりしますね。

では、そういう人には怒りはないのでしょうか？　そんなことはありません。そういう人には目に見える、わかりやすい怒りがないだけです。人間関係のトラブルなど、たいがいのことでは怒ったりしないのですが、実はそういう人の心の中にも怒りは渦巻いているのです。不思議に思うでしょうか？　でもそれは事実なのです。

怒りの起源

生命にはかならず怒りがあります。残念ながら例外はありません。なかなか納得できないことだと思います。なぜ生命は怒ってしまうのか、そのしくみをご説明したいと思います。いってみれば「怒りの起源」です。怒りが起こるには、明確な発生原因があります。それは「**無常**」ということです。ブッダのもっとも根本的な発見が無常です。そして、その無常こそが怒りの原因なのです。

皆さんも無常という言葉をご存じだと思います。日本人は情緒的、感傷的にとらえているのですが、無常の本当の定義は「ものごとは瞬間、瞬間で変化し、生《しょう》滅《めっ》していく」ということです。自分も世界も、けっして一瞬たりとも同じではありません。無常とは、一切のものごとの真理です。私であろうが、他人であろうが、環境であろうが、世界であろうが、宇宙であろうが、すべて無常です。つまり、変わり続けているのです。そしてこの「変わり続けている」ということが、怒りを生む原因なのです。

一切のものごとは無常であり、「無常が怒りの起源だ」とすると、一切が怒りに通じているように聞こえるかもしれません。しかしその通りなのです。はっきりいってしまえば、実は、**生命は基本的に怒りの衝動で生きています**。

怒りの衝動で生きるということは、悪いとか良いとかいえることではなく、われわれの生命はそういう構成になっているのです。

「気分がいい」ってどういうこと?

無常がなぜ怒りの原因になるのでしょうか? このことを理解するために、怒りとは逆の状態を考えてみましょう。「良い気分」を例に考えてみます。あなたはどんなときに気分が良いですか? お天気が良いとき、うれしい知らせを聞いたとき、すてきなプレゼントをもらったとき、欲しかったものが手に入ったとき、片思いの人と両思いになったとき、などといろいろなことが浮かびますね。でもそれってどういうことでしょうか？　ちょっと分析してみてください。なにかの条件によって気分が良くなっている、ということではありませんか。

つまり、良い知らせ、欲しかったものが手に入るなど、なにかの条件によってあなたの気分が良くなったのです。そこで「無常」の登場です。良い気分の原因となった条件はすぐに変わってしまいます。一瞬たりとも同じ条件ではいてくれません。

そのときあなたはどう思うでしょうか？　ご自分の例で考えてみてください。

「希望」大好き

もうひとつ、怒りとは逆のことを考えてみましょう。「希望」です。人間は希望が大好きです。「毎日、いつでも、明るく生活したい」と思ったりします。それは「希望」です。しかし、現実はそうではありません。すべて「無常」ですから、起こるものごとを私たちが管理することはできません。

たとえば、「今日は絶対、一日笑顔で過ごす」と覚悟を決めても、どうなるかはわかりません。誰に会うかわからないし、機嫌の悪い上司にいきなり怒鳴られるかもしれません。どんなトラブルに巻き込まれるかもわかりません。つまり、自分だけの努力でそれを達成するなどということは、成り立たないのです。私たちはずっと環境に接して生活しなければならず、しかもその環境を自分では管理できないからです。

反対に「ずっと暗い気分でいてやるぞ」と思っても、思わず笑ってしまうかもしれません。この先にわれわれがどんな環境に置かれるのか、一寸先の状況もわからないのです。

わからない先のことには、準備することもできません。笑顔で過ごしていても、暗い気分で過ごしていても、環境次第で一寸先はどうなるかわかりません。けっして自分の希望どおりにはいかないのです。

そして、**環境が自分の計画・希望と違う場合は、その環境に対して抵抗する気持ち、拒絶反応が起こるのです。その拒絶反応が「怒り」ということになります。**

希望と現実

われわれの人生を見ても、一方的に衰えて悪くなっていくだけです。昨日より今日のからだが衰えています。日々、老いています。われわれはそれを認めたくないのです。昨日よりも、今日のほうが能力も体力もあるのだと思いたいのです。われわれはあれこれと計画しますが、それは「毎日、成長していく」という方向で考えるのです。そういうプログラムを組むのです。しかし、現実は違います。**毎日、毎日、下降線をたどっています。まるっきり相反する希望と現実です。**この隔たりが大きいほど「怒り」は強くなります。

たとえば、「若くありたい」という希望が強ければ強いほど、自分に対するコンプレックスやら嫌な気持ちが増幅してしまいます。反対に、「どうせ年をとるんだから」と考えるなら、ちょっとシワができたり、腰が痛くなったりしても「だからなに？　当たり前でしょう」という感じでいられます。

「若くありたい」という希望がなくなれば、希望と現実の隔たりがないので怒らないですむのです。

怒りの犯人は「無常」なのです。「ずっと若くありたい」と思っても、変わって、変わって、変わっていきます。その事実はどうしようもないのです。

「怒り」の精密な手術

心の科学である仏教の立場からいうなら、われわれの心の深くで機能する心理的なアプローチが怒りを作り出していると分析するのです。ですから、怒りの治療は、ちょっとした手当てではうまくいきません。精密な手術が必要なのです。

生命とはなにか

生き物の定義

はじめに、「命とはなにか」「生きるとはなにか」という本質的なテーマについて考えてみましょう。仏教はこの巨大なテーマに取り組んだ教えなのです。

われわれは「生きる」ということを、肉体を中心に考えていますね。その肉体を、仏教では「物体」「物質」だと、はっきりとらえています。しかし、机だって物体・物質でしょう？　机と自分の肉体との差はなんでしょうか？　それは「感覚があるかないか」です。

自分だといっているこの肉体という物体には、感覚があります。机には、感覚はありません。そのように、**物質と生命を「感じるか、否か」で区別します。感**

じるならばそれは生命です。

機械でも光に反応したり、音に反応したりするセンサーがありますが、あれは感じているわけではありません。ただのプロセスです。「ここに光が当たると電気信号を出して、計算をして……」などとプログラミングされているだけで、感覚をもっているわけではありません。それに対して、生き物には感覚があります。

人類は「生命」を誤解している

「命とはなにか」といったら、その定義は「**感覚があること**」です。世間では、とくに宗教の世界では、「魂」とか「霊魂」とか「命」とか、よくわからない単語をたくさん使っていますが、それは客観的にいうと物体の中にある「感覚」のことです。

宗教家たちはそれを神秘的に語っているばかりで、科学的に発見しようとも、冷静に見ようともしません。「宗教たるもの神秘的でなければならない」という石器時代からの伝統的な誤解です。人類が信仰を始めたときから今に至るまで、それは続いています。おかげで、すっかり「生命」の意味がわからなくなってしまっています。

仏教では、あくまで科学的・論理的に真理を証明するのです。きちんと証拠立てて、机と自分の違いを分析し、**「命とは感覚があること」**とはっきりさせます。

物質と生命の違いを確認する実験

自分には感覚がありますね。では自分以外の物体に感覚があるのか、あるいはないのか。それはどうしたら確認することができるのでしょうか？　椅子に、机に、感覚がないと、なぜわかるのでしょうか？

簡単にわかると思います。実験をひとつしてみましょう。この実験は具体的に行わないで、推測で、イメージでけっこうです。

誰かに、力いっぱい自分を殴るように頼んでください。それから同じ力で、椅子や机を殴るように頼んでみてください。そして、その結果を観察するのです。

生命のみにある機能

このようなデータが出てくると思います。まず自分の場合です。頼んだのはよいのですが、自分は本当のところは殴られたくありません。殴られたら激しい痛みを感じたり、ケガをしたりします。ケガをした場合は、手当てをして治すことになります。このとき、もし手当てをしなくても、からだは勝手に治ります。

さて、一方の椅子はどうでしょう。椅子が殴られたならば、殴る力によって、倒れたり壊れたりします。しかし、椅子は物理法則以外の反応はしません。壊れたら、壊れたまま。それを直そうということは一切しません。

これらのことから結論が導かれます。感覚がある自分には修復するという機能があります。感覚のない椅子にはその機能はありません。椅子を修復する場合は、感覚のある人間がそれを行わなくてはなりません。

物質は自分を直せない

すべての生命にこの働きは共通しているのです。ごはんを食べたり、呼吸をしたり、運動をしたりして、われわれは壊れかけているからだという物体を修復しているのです。それに対して、物質は自然法則によって変化していくだけです。鉄でなにかをつくったとしましょう。ピカピカで美しいのです。しかし鉄なので錆びます。ピカピカが消えます。それだけではなくて、弱くなって壊れやすくなります。しかしこの鉄の品物には、自分でサビを落として、いつでもピカピカな状態で長生きしようではないか、という働きは見当たりません。

私たちには、その働きがあります。汚れるからだを洗う、病気になれば治療する、力がなくなるとごはんを食べるなどなど、いろいろしています。

その行為は、自分に感覚があるから行っているのです。ごはんを食べるなど意識的な修復作業もあれば、病気になったときでも自然に治ったり、睡眠中に体力が回復するなどの、無意識的に行う修復作業もあります。物質の世界ではこのような働きが見当たりません。ですから、推測すると「物質には感覚がない」という結論になります。

お釈迦さまの呼吸実験

それでは次に、その感覚の本質はなんなのかと考えます。ちょっと実験をしてみます。生まれてから死ぬまで、われわれは呼吸をしていますね。試しに息を吐いてから二分ぐらい止めてみましょう。実際に、やってみてください。息を止めてずっとそのままでいると、感覚がどんどん変わっていくでしょう？　その感覚はなんなのかと経験してみるのです。……急激に苦しくなりますね。

逆に、息を吸ってから止めれば楽でしょうか？　たしかに吐く場合よりは長くいられると思います。三分くらいは試せるでしょう。しかし、ぎりぎりまで我慢するとどうなるかというと、吐いて止めたときと同じ経験になります。からだが火傷したみたいに激痛を感じます。

お釈迦さまは、苦行中にこの実験を行いました。息を吸ってから止めて、倒れるまで止めておく。それからまた、息を吐いて、倒れるまで息を止めておく……、これをずっと繰り返して実験したのです。

そうすると、生命がなぜ必死になって呼吸しているのかがわかります。酸素が必要だからではないのです。呼吸をしなくては、激痛に見舞われて耐えられないからなのです。

感覚は「苦」

姿勢にしても同じです。たとえばある人がずっと立っていて、しばらくして座ったとします。そのとき、「なぜ座ったんですか?」と聞いたら「疲れちゃったから」などと答えるかもしれません。座ったときは「楽だな」と思うかもしれません。しかし、そのままずっと椅子に座っていたらどうなるでしょう? やっぱり苦痛になるのです。

立っていても苦痛です。座っていても苦痛です。ちょっと走るのも、走り続ければ苦痛になります。「今日は疲れたから」といって寝たとしても、寝過ぎればやはり苦痛です。

食事も同じです。ちょっとおなかが空いたら、「空腹」という苦痛を感じます。だからといってごはんを食べ過ぎると、これまたおなかがいっぱいで苦痛です。ですからはっきりしています。感覚は「苦」なのです。

「苦」の消える瞬間はない

生きることは「感覚があること」、そしてその感覚は「苦」なのです。そして、この「苦」が消える瞬間はありません。**ただ変化するだけです。**

たとえば、一時間ぐらい座っていると腰が痛くなってしまいます。そこで立ったら、立った瞬間は「ああ、楽になった」と思うかもしれませんが、実際に起こっていることというのは「座っている苦」から「立っている苦」への変化です。一瞬、それまでの「座っている苦」が消えますから、幸福に感じるかもしれませんが、それは勘違いです。ただ、新しい「苦」に乗り換えただけのことです。

私たちは瞬間、瞬間に、「苦」という感覚を味わっているのです。

「苦」を認識するとき

私たちは、いつも「苦」のなかにいます。しかし、ふだんは「苦」を感じていることに気づいていません。「とても苦しい」という感覚が起こって、はじめて苦痛を感じるのです。たとえば、おなかが空いても、ほんのちょっとの空腹だったら気にしないでしょう? ずっと放っておいて今にも倒れそうだったり、飢え死にするかもしれない状態になったりすれば、かなりの苦痛を感じます。

それは、私たちに訪れる絶え間ない「苦」は、ある程度、大きくならないと気にならないというだけのはなしです。

「苦」のレベルを表示するメーターがあって、そこに苦を認識する赤い水準線が付いているようなものです。絶え間ない「苦」がある程度大きくなって、赤いラインより上に振れたときにはじめて気にする、それまでは気にしないというはなしなのです。実際は、「苦」のメーターがゼロになることはありません。

たとえば痛みだったら、「痛み」の「苦」が、赤いラインを超えたら薬を飲んだり、医者にかかったりして、なんとかしようとします。私たちはいつでも、「苦」を赤いラインより下に保とうとするだけなのです。

「希望」と「苦」の相関関係

この赤いラインがどこの水準に設定されるかというと、それは先ほど言った「希望」の強さで決まります。

仕事にしても「仕事が苦しいのは当たり前」と考える人は、キツい仕事に対してもそんなに怒らないでしょう。しかし、「赤ちゃんはかわいくて言うことをきくもの」とか「仕事って楽で、楽ちんに生きられるのが当然だ」と思っていたら、それは期待する「楽」のレベルが高過ぎますから、当然、現実との隔たりが大きくなります。「苦」を感じる赤いラインをすぐに超えてしまいます。そして、怒って失敗します。子育てにしても勉強にしてもなんでも同じ。**「希望」が大きければ大きいほど、怒って失敗しやすくなるのです。**

絶え間ない「苦」＝絶え間ない「怒り」

ここで「生きることは苦」というブッダが発見した第一の真理（苦聖諦《くしょうたい》）が出てきます。生かされている命とは、「苦」です。そして、生命は「苦」が嫌なのです。もし、「苦」が好きだったら呼吸しないでしょう。または、息を止めたら「苦」が出てくるということだったら、喜んで止めることでしょう。しかし、そうではありませんね。

無常で変化し続ける「苦」が、ずっとあり続けます。そして「苦は嫌だ」と思っている。それで私たちは生きているのです。

怒りをもたずには生きられない

私たちは「苦は嫌だ」と思います。そして「苦が嫌だから、こうしよう」という希望によって、私たちは寝たり起きたりするし、仕事もするし、運動もするし、ごはんも食べるし、人とのコミュニケーションもとります。**生きるという仕事は、あらゆることすべてが「苦」と「苦は嫌」という働きで成り立っているのです。**

つねに無常で変化し続ける「苦」という感覚があり、その「苦」の感覚が嫌で、「変えなくちゃいけない」という希望があります。その二つの働きが「生きること」になるのです。

もし、「苦は楽しい」と思ったら、死んでしまいます。だから、「苦は嫌だ」と思わないと生きていられないのです。この**「嫌だ」という反応が「怒り」です。**これがいちばん基本的な怒りのポイントです。

つまり、「怒りをもたずに生きることはできない」のです。人は、生命は、本来的にずっと「怒り」をもち続けているのです。生きるとは、そのように基本的に怒ってしまう構造にはめられていることなのです。

怒りの起源に挑戦する

「生命には怒らずにはいられない法則がある」ということは、ブッダ以外に誰も発見した人がいないのですが、論理的に考えて調べてみれば、当たり前の話です。

この本では「**怒りをもたずに生きることに挑戦しましょう**」と提唱しています。はじめに「怒らないことは人生目標にふさわしい大仕事」といいましたが、「怒らないこと」への挑戦は、生命メカニズムまでを理解して実践する、大仕事です。そのぶん、やりがいもある仕事です。

妄想で生きる生命のシステム

「生きることは苦」という発見

生命は「苦は嫌だからなくしたい」という希望をもって生きています。しかし、ここで大きな問題にぶつかります。それは、誰一人として「生きることは苦」だと発見していないということです。「生きることは苦」という発見はないのに、みんな「嫌だ」という実感だけはあるのです。

おなかが空けば「嫌だ」と思います。赤ちゃんがいちばんわかりやすいですね。おなかが空けば「嫌だ」といってギャーッと泣きます。あるいはちょっと疲れただけでも「嫌だ」といってギャーッと泣きます。知らない人を見ても「嫌だ」といってギャーッと泣きます。

つまり、われわれは**「嫌だ」という気持ちだけは生まれたときからもっていて、それで生きているのです。**しかし「生きることは苦である」という真理は、誰も発見していません。

説明しても、大人さえもこれを理解しません。それは「認めたくない」からです。**根本的な無明と無知**のおかげで、そうなっているのです。

「感覚は苦である」というのは、当たり前の事実です。指摘されれば、「あ、そうかい」と納得のいくはなしです。呼吸を止める実験をすれば、すぐに調べられます。しかし、生命はその明白な実験結果を認めようとしないのです。

「嫌だ」は怒り

仏教に出合うと「感覚は苦」「生きることは苦」という真理を知りますが、学校で勉強したり、哲学や宗教を学んだりするだけでは、その真理を教えてもらえません。ですから、「生きることは苦」という根本を知らずに、唯一「これは嫌だ」ということだけを実感して生きてしまいます。

「嫌だ」ということは、いつでも実感しているでしょう？　学校に行くのは嫌だ、勉強は嫌だ、いじめられるのは嫌だ、お母さんがつくったお弁当は嫌だ……。この**「嫌だ」という反応が怒りです**。そしてこの怒りをつかって、自分なりの幸せ、幸福、楽しみという妄想概念をつくってしまうのです。

幸福は妄想

「幸福」「幸せ」「楽しみ」というのは妄想概念です。なぜかというと、「生きることは苦」ですから、「幸福」「楽しみ」は、本当は経験したことがないのです。

われわれはおなかが空くと苦しいから「嫌だ」と思います。そのとき、おいしいものを食べることが幸福だと思って、食べ物に飛びつきます。あるいは、子どもたちは好きなマンガやゲームを買ったりできれば幸せだと思ったりします。大人になっても同じです。お金に幸せあり。名誉に幸せあり。なにかの記録をつくることに幸せあり。人気があること、有名になることに幸せあり。権力に幸せあり。からだを美しく見せることに幸せあり……限りなく挙げることができます。

このような生き方を、ブッダは、「それは智慧のない世間が探し求める道である」と説きます。「これがあれば幸せ」というのは、ぜんぶ「嫌だ」という気持ちから出発しているのです。

勘違いの幸福

「生きることは苦」であり、人は苦から別の苦へ乗り換えているだけ。一度も幸福になったことはありません。経験していない「幸福」をイメージすることはできないでしょう。結局のところ、私たちは勘違いの幸福を求めているのです。「嫌だ」という怒りから、勝手に自分が「幸福」だと思っているものを求めます。その結果どうなるかというと、幸せになるどころか、逆に苦しみが増えるのです。

本当なら、求めるものを獲得すれば幸せになるはずなのに、世間の幸福を求め続けると、どんどん苦しみが増えてしまうのです。

「楽」を求めて

貧乏な人がどんどんお金を儲けていくと、楽しみではなく、ひどい苦労ばかりが増えるのです。世の中にしても、われわれは科学が発展をして、暮らしは楽に、快適になったと思っていますが、実際は生きることをさらに苦しくしているだけです。

フードプロセッサーを例にとりましょう。玉ネギなどを瞬間にみじん切りにしてくれるし、ニンニクなら三〇秒ぐらいでおろしニンニクができる便利な道具です。「あ、これは便利だ」と思うことでしょう。しかし、実際に生活のなかで使ってみると、玉ネギのみじん切りは包丁とまな板で、おろしニンニクはおろし金でやったほうが簡単です。

なぜなら、フードプロセッサーの場合、かなり労力が必要だからです。まず、機械を取り出して、電源を入れて、材料を特別な器具に入れて、押して回しますね。あっという間にできますが、中身を取り出したら、器具を洗わなくちゃいけません。洗って、しっかり乾かしてからしまっておかなくてはいけません。その時間と労力を考えたら、まな板と包丁、おろし金のほうが楽なのです。

たしかに、まな板と包丁だと均等なみじん切りはできないかもしれません。しかし、ただそれだけの不安です。その不安をなくすために、もっと大量の苦しみと時間、お金が必要になります。まずフードプロセッサーを買わなくてはいけないし、故障を直したり、部品を交換したりする費用もかかるかもしれません。いらなくなったら処分する費用だって必要でしょう。出費はいくらでも増えていきます。

「苦」を増やしている現代社会

人間に楽をさせるつもりでつくったフードプロセッサーですが、実際に使ってみると「苦」が増えただけ。現代社会では、いたるところで同様の矛盾が起きています。

交通手段にしても、新幹線や飛行機、船など、手間を省くためにつくられたものですが、「早く行ける」という便利さ以外のところで、たいへん手間がかかり煩わしくなっています。結局は、苦しみが増えるだけなのです。またそれに、みんなが「気づかない」という愚かさもあります。

つまり、世間は「苦しいのが嫌だから、いかに苦しい道を探しているのか」という矛盾の道を走っています。中部経典26「聖なる探求経」（アリヤパリイェーサナ・スッタ）に出てくるポイントです。

「人は嫌だなと思わないとなにかに挑戦することもできない。しかし挑戦の道も苦しい」ということです。

目的に達しても「苦」

「これは嫌だな」「こうなったらいいな」というところからスタートして、たとえ目的に達したとしても、新たな苦しみが生まれてしまうということです。

たとえば、待望の赤ちゃんがおなかにいたら、早く生まれてほしいと思うでしょう？　そしていざ赤ちゃんが「オギャー」と生まれたら、大きな喜びを感じるかもしれません。しかし生まれた瞬間から、親にどれほどの作業が生まれるかということです。自分の自由はなくなって、お母さんは自分のためだけでなく、子どものために生きなくてはいけなくなります。責任も大きいです。

そして、待望の赤ちゃんへの「期待」が高ければ高いほど、「苦」も大きくなります。

たとえば、「子育ては大変で当たり前」ぐらいに思っている人なら、赤ちゃんがずっと泣きやまなくても、慣れない育児で寝不足になっても、「まあ、こういうものでしょうね」と、たいがいのことでは怒らないでしょう。

勉強にしてもなんでも同じことです。逆に、「楽だろう」という期待・希望が大きければ、怒って失敗しやすくなります。現実との隔たりが大きい、高過ぎる期待・希望は「妄想」なのです。

怒りの終焉への道

「生きることは苦」です。その真理に反して、生きることは「楽である」と、反対の期待をかければかけるほど苦が増えます。そして「それでも苦は嫌だ」というのが生きるシステムなのです。

「このシステムはなんなのだ？」と、とことん現象のあり方を観察してみると、**瞬間、瞬間、ものごとが消えている**ことに気づくのです。滝のように、泡のように、はじけてはじけて、次々に新しい現象が生まれている。「なんだ、そんなものか」とわかるのです。「それなら、しがみついたって価値がないだろう」とあきらめて、無執着の心が生まれるのです。それを仏教は「覚《さと》り」と呼びます。「覚り」にいたる道こそが、聖なる道です。「覚り」に至ることで、一切の苦しみがなくなるのです。それが運命的な怒りの終焉でもあります。

生きる道は二つ

生きる道は、二つあります。世間が歩む道と、お釈迦さまが語っていらっしゃる出世間の道と。世間の道は怒りが増える、苦しみが増える道です。私たちははじめから怒りの衝動で出発し、がんばればがんばるほど、怒りが増えていく道を歩んでいます。

ですから、世間とは違う道を探さなくてはいけません。「生きることは苦しみである。感覚は苦である」と、まず理解します。生命には「苦は嫌だ」という気持ちがあってそれで生きているのだと知ります。

そして「生きることは根本的に苦に決まっているんだ」としっかりと理解できれば、妄想的な希望はぜんぶ消えるはずなのです。

感情は怒りの塊

「なんとしてでも」が感情

「生きることは苦」とは、真理（苦聖諦）です。本当なら放っておけばいいのに、生命には「苦は嫌だ」という気持ちがあります。

「生きることは苦」ということを理解していないゆえに「苦は嫌だ」という気持ちをさらに強烈にしてしまいます。「なんとしてでも幸福になりたい」「なんとしてでも生き続けたい」というふうに思います。「なんとしてでも」というのは、論理的ではありません。理性がなくて、とにかく気持ちだけ。それが「感情」ということです。

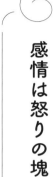

感情とは理由のない気持ち

たとえば、われわれは「死にたくない」という強烈な気持ちをもっています。それは「どんな理由でそう思いますか？」と聞かれても、わからないし、答えられないでしょう。「とにかく死にたくない」という答えしか出てきません。それは感情なのです。理由が出てこない気持ちは、すべて感情です。

本人にはしっかりと「死にたくない」という気持ちがあります。理由はわからないけど、そう思うのです。あるいは「死ぬのは苦しいから死にたくありません」と答えるかもしれません。

しかし、死が苦しいとどうして知っているのでしょうか？　経験したことがなく言っているのです。それはただ思っているだけ。理由のない感情です。

このような、理由がない「生きていきたい」という感情、生に執着する感情を、仏教用語で「**渇愛**」といいます。「渇愛」は根本的な感情ですから手ごわくて、ちょっとやそっとではなくなりません。

「苦」がなくなったら大変

先に、一切は無常であるとお話ししました。当然「苦」も無常です。ですからときには「苦」がなくなることがあります。「苦」がなくなるのですから、大変な幸せを感じると思いますか？　違います。**「苦」がなくなるその瞬間、われわれは「大変だ！」と思うのです。**

たとえば、足の感覚が消えてしまったら「大変」です。感覚は「苦しみ」なのに、なくなったら「大変」と思うのです。ほんの指先の感覚だけであっても、なくなったらとんでもない恐怖です。恐ろしい非常事態だと感じます。

どんどん怖くなって、脳に問題があるのではないか、脳腫瘍ではないかとまで心配します。たまに訪れる「苦」のなくなる瞬間が、人間にとってもっとも怖い瞬間なのです。

恐怖にかられる瞬間

このしくみを逆手に取って利用しているのが遊園地です。ジェットコースターとか、フリーフォールという乗り物があります。あれは、怖がりたくて乗るものですが、あの乗り物でどの瞬間がいちばん怖いかというと、フッと落ちて体重がなくなる瞬間です。

上がっていくあいだは、ぜんぜん怖くありません。そのとき体重は重いです。それがガクっと落ちるとき、からだが浮くでしょう？　フリーフォールもロックがはずれて落ちる瞬間に怖くなります。体重をまったく感じなくなる、あの瞬間に怖くなるのです。そのときみんな「ギャーッ」と、叫びます。

ちなみに、瞬間の無重力感では怖くなりますが、宇宙飛行士は恐怖を感じ続けるわけではありません。無重力の空間にずっといると、慣れて感覚がもどるのです。ふわふわ感があるから、怖くならずに気分良くいられるのです。

私たちは、ふだんずっと重さを感じていますから、たった〇・一秒もないくらいの、重さをまったく感じない時間が怖いのです。

「苦」がなくなる瞬間に怖くなるということは、人間は「苦」が好きだということです。ほかのなにかを好きになりたくても、「苦」以外に好きになるものがないのです。

そして、人間が考える幸福は、ことごとく「苦」を目指しているものです。

生きることにしがみつく

人間には、いつでも感覚がないと、大変なことになります。つまり「苦」がないと生きていけないのです。もし「苦は嫌だ」と思うならば、生きることそのものに対して未練をもたず、あきらめることが理性的な結論になります（これはお釈迦さまが推薦する「**解脱**《げだつ》」という境地です）。

しかし、苦しみを感じるわれわれはどんな結論に立っているのでしょうか？

根本的にある「生きる苦」には気づきません。現象的に現れる波の高い「苦」を異常に気にします。

たとえば仕事がなくなること、子どもが病気になること、自分が病気になること、嫌な人と付き合わなくてはならないこと、住んでいるアパートが狭いことなどです。

その現象的な「苦」さえなければ、人生は楽々で幸福に満ちていると妄想するのです。なんとしてでも「生きることは有意義でありがたいことだ」と、妄想するのです。

これは生きることに徹底的に執着することです。生きることにしがみつくことです。理性ではなく、屁理屈です。気持ちで達するこの感情を「渇愛」というのです。生き続けたいと生に執着するのです。

しかし、「渇愛」と直接たたかうことはできません。渇愛をなくそうとしても、そう簡単になくせるものではありません。渇愛は無知にもとづいて達した感情的な結論なのです。智慧が現れて現実をありのままに見られる能力を開発しない限り、渇愛は消えません。

仏教の実践、ブッダのプログラムとは、その渇愛を乗り越える方法なのです。

「欲」は「怒り」の別バージョン

根本にあるのは「怒り」

「怒り」のバージョン違いに「欲」というものがあります。「苦」を感じると「怒り」が起こりますが、そのとき、「これがなくなってほしい、こうなってほしい」と希望します。この「ほしい」に焦点のあたった感情が「欲」です。

たとえば、お金がない状態でいるとします。「なんでお金がないんだ」と思っているあいだは怒りの感情です。それが、「大金持ちになりたい」というふうに先を意識すると「欲」になります。今の状況・現実に焦点をあてると「怒り」です。その現実がなくなった状況を妄想すると「欲」です。現在を見るか、将来に期待するかという差で、怒りか、欲が生じるのです。

しかし、欲よりも怒りのほうが根本的なのです。世の中では欲に目がくらんでいる人々よりは、怒りに目がくらんでいる人々のほうが多いのではないかと思います。

「怒り」か「欲」か

怒りと欲のバージョンの違いを具体的に説明します。ふだんは真面目な年頃の男の子が、かわいい女の子を見て欲が生まれたとしましょう。その子と好きなことができれば楽しいだろうと思います。もし男の子が、このとき十分楽しく生活しているならば、突然目に入った子に欲を抱かないでしょう。現実にある退屈などの「苦」(怒り)に対して、希望的に欲の感情が起きたのです。しかし、よくその女の子を見るとくすり指に指輪をしていたり、あるいは自分にはなんの興味も示さなかったりで、仲良くなることをあきらめたとします。しかし、欲しかったものをあきらめるのは苦しいです。嫌な気持ちになります。その気持ちは「怒り」というのです。

おわかりでしょうか？ **その人の心にまず怒りがあって、それが欲に変わったのです。そして次に、その欲が怒りに変わってしまったのです。**世にいう愛憎の相互関係です。私たちは生きているうちに、一貫して「嫌な気分だ」ということを続けています。「嫌な気分だ」というのは、基本的な怒りです。

そして、「どうして私はこの調子なのか」というふうに観察が入ると、はっきりした「怒り」。そうではなくて「こんなのは嫌だ。こうしてやるぞ」となると「欲」。

どちらも「嫌な気分だ」という同じ感情から発生するバージョン違いです。おなかが空いてくると「嫌だな」と思う人には「怒り」が出てきて、「じゃ、美味しいもの食ってやるぞ」という人には欲が出てきます。このどちらかしかありません。

欲をなくすことは難しい

怒りにはさまざまな種類がありますが、欲というのはいろいろな場面で生まれたり、なくなったりするものです。怒りほど複雑ではありません。それでも欲をなくすというのは、ちょっと難しいかもしれません。

とくに現代人は、必要ないものでも、「おしゃれだからほしい」とかいって飛びつくケースが多くあります。それは満たさなくてもどうでもいい欲です。しかし、それとは別に、生き続けるために、「これがほしい」という欲があります。食べることや、雨風をしのぐことは、生存のために必要な欲ですね。その欲をなくすことは、生きている限り成り立ちません。ですからなおさら、「怒りをなくすこと」のほうへフォーカスすべきなのです。

性欲は、どうでもいい欲

別に満たさなくても生きていける、どうでもいい欲の代表が「性欲」です。ぜんぜん存在に関係ないし、満たしても満たさなくてもどうでもいい、無意味で無駄なものです。

ごはんを食べたいという欲は、満たさなければ死にます。雨風をしのいで暖かいところにいたいという欲も、放っておいたら命にかかわります。しかし、性欲は存在には関係ありません。

子どもをなぜつくるのか

たとえばインドの社会では、バラモン階級では先祖供養ができるのは息子だけです。そういう文化だと「息子をつくっておかなくちゃいけない」ということになるでしょう。あるいは世襲を重んじる伝統芸能の家元とか、天皇家も話題になったりしますね。「後継者になるべき息子が生まれないと」と。

しかし、それって生命の基本的な欲求・希望でしょうか？ そんなことはあり得ないでしょう。妄想やらへんな思考をつかって、人間があとからつくりあげたものです。

親が死ぬ前に自分の子を見せたいとか、子孫が絶えてしまうとか、そういうことを気にして「子どもをつくらなきゃ」と思ったとしても、飢餓状態にあって「ひと口でもいいからなにか食べたい」というほどの気持ちではないでしょう。「育ててもらった親に、喜んでもらいたい」、あるいは親にいい格好をしたい、その程度でしょう？　かならずやらなくてはいけない、という気持ちにはならないはずです。

「計画」を立てて実行する欲

子どもは性行為の結果として生まれるのです。子どもをつくるために性行為をするのではないのです。性行為は、生命の基本的なプログラムではありません。現代人は、子どもをつくる前にいろいろ計画を立てたりしますね。家族計画とか、人生設計とか。

しかし、もし子どもをつくることが基本的なプログラムだったら、計画を立てたりはしないはずなのです。たとえば家が火事になったら、「なにをもっていこうかな」「スマホはもっていこう、タブレットももっていこう」なんて、悠長に計画を立てている場合じゃないでしょう？　死んでしまいます。ただ命を守ることだけを考えて、まず家から飛び出しますね。ですから性欲がまったく存在維持に関係ないことは明白です。

基本的な欲求と観念的な欲求

仏教では修行者はいちばん先にどうでもいい欲である性欲をカットしてしまいます。しかし、ごはんを食べることはやめません。寒くなるとからだに余計に布を一枚巻くことはやめません。

性欲のように世間で「必要だ」と思っている欲求は、生命としての基本的な欲求ではなく、あとから人間がつくった観念的な欲求だという認識はもっていたほうがいいと思います。つまり、「踊らされるな」ということです。

性行為は五感を一度に刺激する

お釈迦さまは、人がなぜ性行為にそんなにも執着するのかについて、「あれは五感をいっぺんに楽しませるから」とおっしゃっています。ポイントは、「**欲というのは、感覚を楽しませたい衝動である**」ということです。

美しいものを見るときに使うのは、目だけでしょう？　音楽を聴くときに使うのは耳だけでしょう？　しかし、性行為は目も耳も鼻も舌も触覚も、刺激を受けて五感がいっぺんに楽しくなるのです。だから人は、とことん性行為に執着してしまいます。おまけに「子孫をつくりたいから」なんて嘘までつくのです。

チャネルが多いほど楽しく、苦しい

感覚について解説すると、私たちはＣＤで音楽を聴くより、映画を観るほうが楽しいのです。音楽もＤＶＤで観ると楽しいのです。どうしてでしょうか？　二つの器官が同時に楽しめるからです。お花見にしても、花を見て楽しみたいのなら、ただ花を見ればいいことでしょう？　しかし、私たちは音楽も流してごはんも食べて、というふうに感覚を足して、もっと楽しみを味わおうとします。

感覚のチャネルを足すと、ますます楽しくなるからです。飲んで食べて、歌って……「花を見る」が完全にあと回しになってしまって結局は「見ていない」ということにもなっていますけれど。

性行為はチャネルを五つ同時に刺激しますから、強い執着心を引き起こします。しかし、感覚は苦しみです。五感を使うとそのぶん疲れて苦しくなります。だから、人間がいちばん早く疲れるのは性行為なのです。

たとえば、窓から桜を見ている場合は、一日中見ていられますが、お花見会に参加するとくたくたに疲れます。チャネルを増やし過ぎなのです。目を閉じて音楽を聴くぶんには一日でも聴いていられますが、映画館で一日中映画を観ることは無理です。チャネルを二つ使いますから、疲れが倍になります。性行為なら、なおさらです。

妄想概念は爆発する

生存に必要のない欲は、妄想概念です。妄想で楽しいことを思っているからきりがなくなります。もっと欲しい、いくらあっても足りない、という欲が生まれます。

その「もっと欲しい」は異常です。そういう制限がつけられない状態を仏教は危険視します。

欲そのものは、分析して優先順位をつけられます。性欲はすぐにやめるべき欲の代表です。ほかの欲は、いきなりやめることはできませんから、まあゆっくり考えてやめていきます。

（注：性行為は出家に対して禁止しています。在家の合法的な性行為に対してお釈迦さまはなんの条件もつけていません。在家は違法な性行為をやめるべきです。論点を明確にするために、性行為に対して出家の立場で説明しています。）

「欲」の人より、「怒り」の人は育つ

まとめますが、「嫌だ」という気持ちに対して、どのあたりに自分が注意をしているかで「欲」になったり「怒り」になったりします。「苦」にばかり注意が向

く人は、怒りが多くなります。対して、「楽」ばかりに注意が向く人は欲が多くなります。

そして、「欲」の人と「怒り」の人と、どちらが育ちやすいかといったら「苦」を見ている人です。現実を見ていますから、「楽しい、楽だ」という妄想ばかりを見ている人より育ちやすいのです。

もし、あなたが現実に対して「これはいったいなんだ」と怒りを覚えているなら、仏教は「ではあなたは、生きるとはなにかと考えてみてはいかがですか」と、提案します。「私はツイているのだ。ラッキーなのだ。神様に守られているのだ。人生は楽しく最高だ」と思う人は、現実に鍵をかけているので、仏教の真理を語りにくいともいえます。

生命が感じていること

人は怒りでだめになる

大事なポイントを言います。「**怒りでやることは、なんでも失敗する**」です。だから、「怒らないこと」が大事なのです。怒りの結果は、かならず悪い。かならず不幸になるのです。

怒りそのものはもちろん、生きるうえでの脅迫感、恐怖感、怯えも怒りの源です。いとも簡単に「怒り」に変わります。怒りに変わるのは当たり前なのですが、結果として人生はだめになってしまいます。

破滅への道

森の中で恐ろしい動物が自分を攻撃して追いかけてきたとしましょう。当然、走って逃げだします。山の上に続く一本道を頂上へ向かってひたすら走って逃げます。それでも猛獣が後ろから追いかけてきます。もう大変な恐怖です。

逃げて逃げて、上りつめた山の頂上が崖だったとします。一本道を走ってきたのですから、もう崖から飛び降りる以外に道がありません。でも飛び降りたら、かならず死んでしまいます。

結局、人生というのはそういうものなのです。恐怖感に追われ、不安感に追われて、怯えて、それを衝動にして生きているのです。逃げて走れば「怒り」という崖が待っています。怒ってしまえば、破壊があるだけです。それを繰り返してしまう「罠」があるのです。

ですから猛獣という恐怖感、脅迫感、怯えなどに「追われているから」といって走るのは、よくありません。それは理性にもとづいた生き方ではありません。

追われて逃げて走る人生の先にはかならず「怒り」という崖が待っています。

恐怖をやり過ごす

では、どうすればよいのでしょうか？　できれば、猛獣をそのまま走らせてしまうのです。自分はさっと脇にそれる。ちょっと道からはみ出す。あるいはその場で止まる。そうすると勢いづいている猛獣は急にブレーキをかけられませんから、走り去って崖から落ちていきます。

「とんでもないことになった」と恐怖感、脅迫感に襲われても、逃げずに踏みとどまれば、その感情は消えてしまうのです。立ち止まってみることです。それで「やっと安心」という状態になります。くれぐれも恐怖感に追われて走り出してはいけません。恐怖という猛獣が暴れ回り、走り回っても、自分まで走ってはいけないのです。

恐怖を感じない生命はない

人生は、いま言ったたとえで見たほうがいいと思います。どんな生命でも恐怖感、脅迫感はあります。

「いや、私には脅迫感はありませんよ」という人がいたらお尋ねします。病気になることは心配ではないのですか？　歳はとります。歳をとって老いることは心配ではないのですか？　親しい人々が死ぬこともあるでしょう？　人の死や自分の死は心配ではないのですか？　どうでしょうか？

それらは誰にでもあることです。しかし、みんなが「私は違いますよ」と言うのです。そこでお釈迦さまは「生老病死」とか「愛別離苦」というふうに恐怖感、脅迫感について具体的に説明なさいました。「生老病死」や「愛別離苦」がありませんよ、と言える人は誰もいません。

無意識にある恐怖

人は、ごはんを食べなければ生きていけません。しかし、食べることひとつをとっても「空腹感は嫌だ」とか、いろいろ苦の感情が出てきます。仕事に行く場合でも、「なにもしなかったら家賃が払えない」「ごはんが食べられない」などという苦のセクションがあって、それらに怯えてわれわれは生きています。生きている限り、どこかで脅迫感、恐怖感、「大変だ！」という気持ちがいつもあるのです。

「元気で明るく生きるぞ」というのは、ただ観念的に言っていることであって、実際は、いつでもどこかで脅迫感・恐怖感・怯え・不安という気持ちを無意識に抱えています。ずっと無意識にあるならばいいのですが、ときには意識にものぼってしまいます。つまり、「怒る」のです。

人生は強制収容所

私たちを生かしているのは、不安・恐怖感・脅迫感です。それを仏教は「怒りという感情のグループ」として分析しています。誰もが脅されて、不安で仕方ない状態でいます。生きている限り、老いと病と死に脅されて、不安で走っているのです。そこから逃げ出せた生命はいません。

そう考えると、われわれの人生は、強制収容所みたいなものです。第二次世界大戦時にナチスがユダヤ人をアウシュビッツなどで強制収容所に入れて過酷な労働をさせて、ガス室に送り込んだり、餓死させたりして大量虐殺したでしょう？

ガス室までユダヤ人を連れていくことも、死んだ遺体を燃やすことも、燃やした灰を処分することも同じユダヤ人がやらなくてはいけませんでした。ときには、そのなかに家族がいる場合もありました。本当に凄惨な状況です。しかし、そのときに「そんなことはやりたくない」と言ったところで、ナチスに撃たれて死ぬだけです。

道を考える

誰の人生を見ても、われわれの人生は強制収容所であるといえます。それが現実です。不安感があって安心できない。だからといって、不安感から逃げようと走り出したら思うつぼで、罠にはまるまで走るだけのこと。最後は死にます。

ではどうしたらいいのでしょうか？　答えはもう出ています。その道は本当の道ではない、ということです。

逃げ回らない道――中道

お釈迦さまは、逃げ回らない、死の罠にはまることのない道を教えています。それは「中道《ちゅうどう》」です。どちらにもはまらないから「中道」というのであって「まん中」という意味ではありません。「超越道《ちょうえつ》」といったほうが正しいかもしれません。

猛獣のたとえを繰り返しますが、崖までの一本道で、さっとよければ猛獣は先に行って崖から落ちてしまいます。猛獣が消えてしまえばもう安心。そのあとで自分が崖に向かって歩いて行って景色を眺めようが森を見学しようが、ちょっと降りて行ってみようが、もう猛獣はいませんから自由にできます。そういう、世間の道とは違う道をお釈迦さまは語っていらっしゃいます。

人生の目的とはなにか？

では、「中道」とは、具体的にどういう生き方をいうのでしょうか？「猛獣を先に行かせてしまう」生き方とはどういうものでしょうか？

よく世間でいわれる「人生の目的をちゃんと定めてしっかりがんばりなさい」というのは、言葉だけのことで中身はありません。世間で「人生の目的とはなにか？」といったら、いい大学に入ることとか、優しい人と結婚することとか、給料のいい会社に就職することとか、そんなようなことでしょう？たいした意味がありません。

世間の道を生きるとは

あるスポーツマンに才能があったら「じゃあ金メダルを目指そうかな」と思って、それを人生の目的にすることもあるでしょう。

スポーツでも、勉強でも、音楽でも、なんでも同じように、世間が考える道というのは、すべて不安感・恐怖感に襲われて「走りなさい」というものです。

ある人は金メダルを目指して走る、ある人は一流の大学を目指して走る、いい会社に就職することを目指して走る……、しかし不安はそのままです。やがて走る過程でくたくたに疲れます。からだの細胞も脳細胞もいじめられて壊れて、もっていた能力もなくなってしまって、あっけなく、むなしく、悔しく死んでしまいます。

寝たきりになりたくない、人のお世話になりたくないと願ってがんばっても、ものの見事にその望みとは逆の結果に達します。あらゆる健康法を試して長生きしたいと願っても、その願いとは裏腹に、かならず「死」という結果に達します。

人生の本質を理解する

怒りを克服したいというなら、われわれはある悪循環の中で走っているんだと理解する必要があるのです。理解したら、自然にブッダが語る別な道、安全な道に対して「やってみようかな」という気持ちが生まれるはずです。自信が、やる気が生まれてきます。

「私の人生はなんなのか」と本当に理解してください。

自分は、苦しみという恐怖感に追われて崖をめがけてまっしぐらに走っている、と理解することこそが大事です。止まったら猛獣に食べられるし、走っても崖から落ちて死んでしまう、どちらにしても勝ち目がないその道をどうすればいいのか？　と気づくのです。

人生とはなにか

究極の選択

「人生とはなにか」を、ものの見事に解説したお釈迦さまの言葉を紹介します。

コーサラ国のパセーナディ王に対して説かれた経典（相応部コーサラ相応）のエピソードです。生きる矛盾をものの見事に説明しています。

パセーナディ王はお釈迦さまと知り合いですが、あまり真面目な方ではありませんでした。大きい国の王ですから、政治的な関係で悪いこともしたりします。お釈迦さまの「殺生《せっしょう》してはいけない」というはなしも聞いていますが、なんのとなく罪人を打ち首にしたりもします。それをお釈迦さまはご存じで、あるとき、「少し脅さなくちゃいけないな」と考えたのです。それである質問をしました。「王様、あなたは『私にかなうものはなにもないぞ』という状態で、堂々たる玉座に座っているとします。そこに徹底的に信頼できる諜報員がメッセージを届けます。まず、北からの使者が『大変です、王様、巨大な山があらゆるものを押しつぶしながら、この宮殿に向かっています。早く避難してください』と伝えます。すると次に南からの使者が『大変です、王様、南からこちらへ向かって巨大な山が流れてきます。誰も助からないので早く避難してください』と同じことを言います。そして東からの使者も、西からの使者も次々に、東からも西からも山が崩れて流れてくると報告します。そのときあなたはどうしますか？」と、質問しました。

経典のたとえではイメージが十分湧かないだろうと思います。東西南北にある四つの火山が同時に爆発して自分がいるところに、火砕流が流れてくる、と現代的にストーリーを変えてみると、イメージが湧くでしょう。

ふつうの人はなにもできず、運命にまかせて死ぬでしょう。しかしパセーナディ王は、お釈迦さまの説法を聞いていましたから、ちゃんと答えを出したのです。

生きるとは、巨大な矛盾

パセーナディ王は答えます。「お釈迦さま、それなら真理にしたがって正しく生きるしかないですよ」と答えました。お釈迦さまは、「はい、それは正解です」とおっしゃって、次にこう続けます。

「それこそ、人生の現実ですよ。四方から迫ってくる山は『生老病死』という山で、その山が止まることなく迫ってくることが人生ですよ」と。

「ああ嫌だ」「歳をとりたくない」「死にたくない」と思っても、それは怒りです。怒ってもどうにもならないことです。生きることは、それ自体が巨大な矛盾なのです。

車輪の内側を生きる

現代の例でいうなら、金メダルをとることや一流大学に入ることにどんな意味があるのか、ということです。四方から山が迫ってくる前にごちそうを食べようとか、せっかくだから晩餐会を開きましょうとかいっても意味がないのです。

世間の人生は、ハムスターが使う車輪のおもちゃのように、苦しみの輪の中にはめられて回り続けています。仏教の言葉では「輪廻《りんね》」し続けているというのです。走っても走っても、ぜんぜん前に進みません。ただ、恐怖感に追われて走り続けているだけ。

いくら走っても、結果は決まっています。どこにもたどり着けません。迷子もいいところです。

車輪の外側を目指す

お釈迦さまが示す道は、まるで方向が違います。お釈迦さまは目的に至るロードマップを残しています。その地図を見ていけば迷子になることなく、車輪の中を走り回ることもありません。もうさまようことはありません。輪廻には、「さまよう」という意味もあるのです。地図があって、目的地の目印をつけたら、もう迷いません。

パセーナディ王は、お釈迦さまの地図を知っていたのです。パセーナディ王の答えが意味するところは**「地図を手にして、真理にしたがって生きたらどうですか?」**ということです。

つまり世間の道からちょっとそれたらどうですか、ということです。ちょっとそれることが、仏道であり中道であり八正道《はっしょうどう》なのです。その道を歩むことで、輪廻から解放されます。それが仏教の言葉でいう「解脱」です。

第2章

怒りの姿

怒りを知る

怒りは二四時間

怒りが人生を破壊する、生命を破壊することを説明してきました。そして「怒りがあるから生命は生きている」という矛盾についても説明しました。

次にレベルを変えて、私たちが感じることのできる、認識することのできる怒りについて説明していきます。怒りを正しく認識すること、その姿を知ることは、怒りの克服につながります。

怒りは二四時間、どんなときでも生まれるのだということを理解してください。

原子一個ぶんの怒りに気づく

できる限り徹底的に怒りをチェックしてみてください。些細な「怒り」も放っておかないよう気をつけます。

たとえば電車に乗っていると、けっこうみんなスマホをいじってメールを打ったりゲームに興じたりしているでしょう？　降りる駅に着いても、スマホをいじっている人はそちらに夢中になってしまい、降りる動作がほんの一瞬ですが遅れます。ほんの少しだけ、動きだすのが遅いのです。あるいは、ホームに降りてからも微妙に足が止まります。ほんの〇・〇二秒ぐらいかもしれませんけれど。

そのとき、周りの人はそのほんの一瞬の遅れや止まった感じに「早く行け」と思うでしょう？　瞬間の気持ちですから、言葉にならないと思います。嫌な気持ちが微妙に起こります。

原子一個ぶんくらい、微妙に生まれます。怒りに徹底的に気づいていくならば、そのレベルまで気をつけなくてはいけないのです。

怒り克服への道

厳密に、しっかり怒りに気をつけて生きていけば怒りの姿がわかってきます。細かく見ていくと、一瞬に**どんな瞬間でも、われわれは怒り得る環境にいます。**そうなれば完全ではないにせよ、一して生まれてくる怒りまでも見えてきます。そうなれば完全ではないにせよ、一応「怒りを克服している」ことになります。

教育は幼稚園から大学院まであるでしょう？　怒りに対する勉強は、そのすべての過程ぐらいのものだと理解しましょう。中学とか高校の「三年間だけ」くらいの感覚で臨んでは困ります。教育の場合、しっかり一人前になるには、かなり年月のかかるプログラムが必要です。怒りについてはとくにそうです。

しかし、難しく思うこともありません。幼稚園から大学まで、ひとつずつ段階を追って進むのと同じように、着々と進んでいけばいいのです。

怒りを指名手配する

どんな些細な怒りにもしっかりと気づいていくためには、まず怒りについてよく知る必要があります。心で湧き上がる感情が、「怒り」と知らなければ、気づくことはできません。

たとえば、「新宿に行って犯人を探してきてください」と言われたとしても、具体的にどんな人を探せばいいのかわからなければ、見つかりっこありません。怒りを克服するためには、怒りを発見することがポイントですから、「怒りとはこういうものです」という情報が必要です。顔も特徴も知らず、ただやみくもに探しても無意味です。

仏教では、怒りを十種類に分類しています。われわれの怒りをきちんと分類しなくてはいけません。分類すると、怒った原因も、それに対する自分の態度も見えてくるのです。

最終的に怒りを引き起こす原因を根絶しなくてはいけないのです。

怒りは十種類

怒りには種類がある

「怒り」は、基本的には「これは嫌だ」「これはだめだ」という反応です。「生きることは苦」であり、「苦をなくしたい」というところから始まりますが、その怒りはどんどんバージョンが変わっていきます。

われわれが怒りとは別だと考えている感情も、怒りのエネルギーの姿を変えたものであることが多いのです。

仏教では、怒りを十種類に分類してとらえています。種類が分かれているのは危険性の差もあるし、行為の差も見えるし、結果の差もあるからなのです。しかし、すべては「怒り」ですから、その結果は「負け」に決まっています。

怒り① ―― Dosa《ドーサ》「基本的な怒り」

十種類の怒りは、基本的な怒り一種類と、その心のエネルギーが暴走して姿を変えた九種類に分かれます。もっとも基本的な怒りは、パーリ語（お釈迦さまの言葉を忠実に伝える古代インド語）で「Dosa(ドーサ)」といいます。ドーサという言葉のもともとの意味は「穢《けが》れる」「濁《にご》る」で、いわゆる「暗い」ということです。

怒りというのは、かならず「**暗い**」のです。あるいは「**嫌な感じ**」といってもわかりやすいと思います。元気で明るい心に、少しでも「嫌だな」という怒りが入ると、とたんに明るさが減ります。

ホテルなどの照明器具には、明るさをグラデーション的に調節できる「dim」という調光のツマミがあるでしょう。ツマミを回すと部屋が明るくなったり暗くなったりします。そのように、怒りが強まるほどに暗くなっていきます。

怒りの反対は、「Piti(ピーティ)」、つまり「**喜び**」です。「ああ楽しい」「幸せだなぁ」「わくわくしている」「元気です」というときには、心に怒りはありません。

ピーティの心にドーサが入ったまま放っておくと、どんどん明るい喜びの心が失われていきます。少しでも気分が暗くなったとき、それに気づくことが肝心です。

そして、**自分が怒っているかどうかは、明るさでわかります。**嫌な気分が少しでもあるかないかでもわかります。「なんだか楽しくない」「つまらないな」「退屈だ」「嫌だ」などの感情が少しでもあれば、怒りが入っていることになります。この少しでも暗い気分がある段階がドーサです。

怒りは育ってしまう

感情は連鎖反応で、次から次へと爆発していきます。感情は屁理屈です。思考の場合はデータが入っていますから、答えが見つかったら終わりますが、妄想はいくらでも回転できます。リミットがききません。

生きるうえでの大きなポイントは、人間が根本的に抱えている「苦」に対してどんなアプローチをするのかということです。「怒り」という感情でアプローチすると、理性が機能しません。「欲」も同様ですが、どのように変化するかわからないし、どうにでもなってしまいます。生命が根底にもっている基本的な怒りは万能細胞です。万能細胞は心臓にもなり得るし、肺にもなり得るのです。

そのように根底にある基本的な怒りは、さまざまな「怒り」へと形を変えることができます。それが次から紹介する「度を超えた」怒りです。

怒りは溜まれば溜まるほど、強い破壊力を発揮します。放射能と同じです。溜まれば溜まるほど危険です。外に向いたら外が壊れるし、自分に向かえば自分が壊れます。だから、いかにドーサのうちに気づいて対処できるかということが、怒りを克服するポイントなのです。

度を超えた怒りは九種類

怒りは大きくなってしまうと、それぞれのキャラクターを発揮していきます。

仏教ではその「度を超えた怒り」を、厳密に九種類に分類しています。

度を超えてしまうと、ただでさえ理屈に合わない感情の部分が大暴走します。怒りの破壊力はたいへん危険です。自分も他人も破壊してしまうのです。

怒り②――Vera《ヴェーラ》「憎悪」

一般的な人が世間でいう「怒り」は、「Vera(ヴェーラ)」が多いかもしれません。怒りとして認識しやすいですし、怒って後悔するのもこのヴェーラによる怒りです。日本語で「怒り心頭に発する」といいますが、怒りの力が表現せずにはいられないいくらいに強くなった状態です。怒りのエネルギーの水圧が高まって、噴き出してしまった状態。**暗くなった心のドーサを放っておくと、心はどんどんと回転して、暗さを増してしまいます**。そしてヴェーラという明らかに怒っている状態になります。

怒鳴ったり、手をあげそうになったり、わなわなと震えたり……。傍目から見ても、「あの人は怒っている」「自分は怒っている」と、はっきりわかるような怒りです。

怒り③――Upanāha《ウパナーハ》「怨み」

「怨《うら》み」も怒りです。これを「Upanāha(ウパナーハ)」といいます。ちょっとした嫌なことであっても、とにかく忘れがたいのが特徴です。思い出してその気持ちを続けます。

ウパナーハは、実は根本的な苦には関係ありません。たとえば「おまえは本当に仕事ができないバカ者だ」と言われたとします。ふつうは、怒りますね。そのとき、ただ怒るだけなら「怒り(ドーサ)」です。それを「あの人にこう言われた」と繰り返し思い出し、**自分でどんどん再生して増殖するのがウパナーハです。**

嫌な気持ちをとことん再生していくと、怒りがどんどん増えていき、ストップがききません。しまいに本当に音や声まで聞こえてきてしまいます。妄想しては再生するのです。たとえば「空を飛ぶゾウさんがいます」というような絵空事の妄想なら、たいしたことはありません。しかし、妄想に感情がある場合は、大問題です。現実的に怒りの感情が起こって人を破壊していくからです。

感情に執着している

ふつうの怒りのレベルのうちなら、「そんなこと忘れてください」「どうでもいいから一杯、飲みましょう」といって気分を変えられます。しかし、ウパナーハの場合は、飲んだりしていったんは気分が切り替わっても、また元にもどります。たとえば、足を階段にぶつけたとします。痛くなって「嫌だ」と思います。ここまではドーサです。それで終われば、痛みが消えれば嫌な気分もどんどん消えていきます。

しかし、ウパナーハはそうではありません。最初はドーサだったその怒りがウパナーハまで強くなると、階段を見るたびに痛くて嫌な思いをしたことを思い出したりします。**いつまでもその感情に執着するのです**。

「欲」の例でいうと、ストーカーがそんな感じです。気に入った人のことを頭の中で繰り返し再生していって、欲の気持ちがどんどん増殖してストーカー行為にまでおよびます。ウパナーハの増殖ぶりが、まさに似た感じです。

「嫌なこと」が心を占領する

なにかがあったときに最初に起こる怒りはほんの小さなものです。それが再生していくうちに「殺してやりたい」と思うほど育ってしまいます。もっと増殖すると「誰でもいいから殺してやりたい」とさえ思う、それがウパナーハです。

無差別殺人を起こす人の怒りは、だいたいがウパナーハです。怒りの感情をウパナーハにまで育てて増殖させると、どす黒い「恨み」で心が占領されてしまいます。それが答えではないし、それで問題が解決するわけでも幸せになるわけでもないのに、心が固まって極限な不幸に陥ってしまうのです。

誰の心も、怒りを繁殖させて妄想をかきたてて、ウパナーハにまで陥る可能性があります。しかし性格的に、なんでもない怒りをウパナーハにまで育ててしまう人というのもいるのです。

怒りをなくそうとするなら、ぜひドーサとウパナーハの違いを知ってください。最初のふつうの怒りはドーサ。怒りを妄想で繁殖させてしまうのがウパナーハ。

怒りは、「繁殖させるものではないのだ」としっかり理解しましょう。たとえ怒っても繰り返し怒るなかれ、と覚えてください。

怒り④――Makkha《マッカ》「軽視」

「Makkha(マッカ)」は「軽視」です。直訳は「消す」という意味です。日本語訳がなかなか難しかったのですが、なにを消すかというと、人の良いところをなかったことにするので「軽視」としました。

「軽視」することも、怒りに分類されます。

マッカは、人の良いところをなかったことにするのです。**他の生命に会うたびに「なにか欠点はないか」と探す気持ちでいます。**

誰かについて、良いところは見ないことにして、なにが悪いのか、どこが間違っているのかと、あら探しばかりしています。そして、なかなか悪いところが見つからないと腹を立てます。

「なんだ、あの人はたいしたことない」という場合は、怒りは出てきません。しかし、自分と比較してけっこう良いところが見つかってしまうと、もういてもたってもいられなくなります。あら探し、欠点探しを始めます。

カラスの性格

私は、マッカを「カラスの性格」と表現します。カラスはゴミ箱を探しているでしょう？ 残飯のなかでも、とくに生魚とか生肉とか腐っているものをわざわざ探します。いくら桜の花が咲いていても興味がないのです。生ゴミだけを見ます。そういう人間もいるのです。

最初から「欠点を探してやるぞ、嫌なところを探してやるぞ」という心です。ですからつねに気分が悪い。つねに嫌な気持ちでいるのです。

マッカに至るプロセス

具体的に、ドーサからマッカに至るプロセスを説明します。最初はドーサがあります。たとえば「あの人は歌えるけど踊りが下手だ」という言い方をします。「あの人は、踊りはいまいちでも歌は素晴らしい」という見方はできません。欠陥ばかりを見るので、楽しくありません。この欠陥ばかり見るときの怒りは、ドーサです。

しかし、欠陥ばかりを見たいと思っているのに、良いところが見えてしまうときがあります。でも見たくないのです。これがマッカです。良いところを見ると我慢できない。能力を見るともう我慢できない。

「軽視」する場合は、かならず相手の能力が高いのです。相手のほうが低いならわざわざ「軽視」する必要はないですね。自分と相手を比較して、軽視する場合は、相手のほうがレベルはちょっと上なのです。それが我慢できない。軽視しようとしても軽視できなくなったら、ひどく気分が悪いでしょう？　強烈な怒りがこみ上げてきます。

良いところが見えてしまう

マッカは、人の良いところ、自分にはかなわないところが見えてしまったときに起きます。**「相手の弱点や欠点を見たい」という自分の希望がつぶれてしまった怒りです。**それもただの希望ではなく、最初から怒りの希望です。「弱点や欠点を見たい」というのは怒りの希望そのものです。その希望がかなうどころか、逆に良いところが目に付いてしまう。それで怒りの希望がつぶされて、強烈な怒りになってしまったのです。ひどくなると関係ない人にも怒ったりします。

テロリストがいますね。国際政治ではアメリカに対するテロだけがテロ行為と定義されているようです。よく見ると世界中、いたるところでテロ行為はあります。日本も例外ではありません。人の幸福を壊してしまう、それがテロ行為です。

自分に関係があってもなくても、どうでもいいのです。きれいに塗られた壁に落書きをする人がいるでしょう？　きれいだった壁が見るも無残に汚くなります。

あれはテロ行為です。関係ない人に嫌な気持ちを与えます。やった人は、なんの楽しみが得られるのでしょうかね。

誰でもウイルスをもっている

なぜ*地下鉄サリン事件みたいな無差別テロが起きたのかといえば、みんながニコニコとして安心で幸福そうに、颯爽と会社に行ったり買い物に行ったりしていることが我慢できなかったからです。あるいは一神教などでは「神の希望である」とかいってなんの罪もない人々まで殺してしまったりする。それもマッカが引き起こす破壊行為です。

ふつうはテロリストまではいきませんが、そのウイルスを誰もがもっていることだけは覚えておきましょう。人が楽しんでいるときに、ちょっとケチをつけたくなったり邪魔をしたくなったりするでしょう？　それはマッカの種です。心にウイルス・細菌だけは寝ています。強くなったらとんでもなく危ないのです。自分がつぶれるか、テロリストになるかなのです。

＊地下鉄サリン事件／一九九五年三月二十日、オウム真理教が東京の地下鉄で起こした無差別テロ事件。

怒り⑤――Palāsa《パラーサ》「張り合い」

直訳すると「欺瞞《ぎまん》」「悪意ある」ということ。怒りというのは、戦うこと、相手をつぶすということが基本です。自分が勝とうとします。はじめはドーサの域です。しかしこの戦うことが度を超えると、「Palāsa（パラーサ）」となります。際限なく戦い続けます。

たとえば、子どもがちょっと騒いでいるとします。そこで「ちょっと静かにしなさい」と注意するとき、それはドーサです。戦いはそれで終わっています。

しかし、パラーサにまで怒りが育っていると終わりません。ちょっと注意したぐらいでは、気がすまないのです。「だいたい、いつも騒いでいるけどこの前も注意したでしょう」「何回言ったらわかるの」「勉強でもしなさいよ」など、いろいろ言ってしまって終わらないのです。

言葉でも行動でも、とにかく戦い続けるのがパラーサです。よく「気がすむまでやる」といいますが、このパラーサは、いくら**相手に対して攻撃しても気がすみません**。相手がつぶれても子孫にまで続けていくくらい、終わりません。

会社でいえば、ライバル会社をつぶして、相手の社長がホームレスになったとしても戦いは終わりません。「あいつはこっちに歯むかったからホームレスにまでなった」と言い回ったり、本人に「ホームレスになってどうですか?」とわざわざと言ったりして、ずっと嫌がらせを続けます。その社長に息子がいたら、息子までつぶそうとします。そういう「終わらない戦い」がパラーサです。

怒り⑥——Issā《イッサー》「嫉妬」

嫉妬はわかりやすいと思います。もともと怒りの状態です。相手の悪いところを見たいけれども、良いところが見えてしまいます。このとき、**自分のことに注意を向けるのです**。「どうして俺にはないんだ?」と。これが他人に向かえばマッカ(軽視)になります。自分に向くと「Issā(イッサー)」、「嫉妬」です。

たとえば、心の中で「私が美人だ」と思っていたとします。しかし、世間を見ると世界でベスト一〇〇にも入りません。そうすると嫉妬してしまうのです。

自分が目いっぱい、最高級におしゃれをしてパーティに出かけたとしましょう。すると、その会場に、ブランドの服とカバンをもった、抜群のコーディネートでとてもスタイルの良い人が現れたのです。別にそれはなんでもないことですが、「自分はキメたぞ」と思って出かけた人からすれば最悪です。イッサーが生まれ得る状況です。

自分に焦点を合わせる

イッサーは、自分より優れている他人がいないと生まれない怒りです。そして、イッサーになる場合は、とにかく自分に焦点を合わせています。「どうして私にはブランドの服とカバンがないのか」「どうして私はあの人のようにスタイルが良くないのか」という感情が次々に起こります。

誰かと比べたときの怒りは、パラーサ（張り合い）になったり、マッカ（軽視）

になったり、イッサー(嫉妬)になったり、そのときどきで変化します。

イッサーは、とにかく「あの人にあるのに」というのが基本です。自分にないのが悪い、理不尽だ、と思うというとんでもない感情から出てくるものです。「あの人にあるのに、どうして私にはないのか」「あの人にあるなら私にあるはず」という屁理屈です。

しかし、「自分にない」ことを認めたくありません。「あの人に歌えるなら私にもできるはず」「あの人のように私も踊れるはず」「できないはずがない」と思います。やってみたら、現実的にはできません。

そもそもできる人は、この問題の管轄外で、嫉妬は生まれません。

自分と比べたいと思うなら、私たちには無数に対象があるのです。嫉妬の傾向があるならば、とても危険です。比べる対象が無数にあるから、精神的に自爆するまで嫉妬が増幅する可能性があります。

それから、ある特定の人に嫉妬することがよくあるでしょう。その嫉妬は増幅しないと思いますか？　増幅するのです。

同じ人でもその日で変わりますから、比べても、比べても、きりがありません。

結局、嫉妬は増幅するのです。

怒り⑦——Macchariya《マッチャリヤ》「物惜しみ」

「Macchariya(マッチャリヤ)」は、物惜しみです。俗にいうなら「ケチ」です。自分のものを自分で使いたいという気持ちは誰にでもあります。だから、マッチャリヤは誰の心にもあるのです。加えて、私たちは、生きることは苦しいですから、苦しみをごまかすなにかに依存しています。家を建てるとか、車を買うとか、音楽を聴くとか、テレビを観るとか、映画を観るとか、自分の楽しみのためのなにかをしています。そこまでは「欲」の領域です。

たとえば、分割払いで苦労して大型のテレビを買ったとします。六五インチとか、超大型で、せっかくだからサウンドシステムも付けて二年間の分割払いにしたとします。そこまでは「欲」です。

そのテレビを設置したとたん、ブラウン管のテレビしかない隣人が、自分の部屋に来て大喜びで新しい大型テレビを楽しんだとしましょう。このとき、「なんで私が苦労して手に入れたこのテレビをこの人は無邪気に楽しんでいるのか。気に入らん」という怒りがあれば、マッチャリヤです。

楽しみの独り占め

マッチャリヤは、「自分の楽しみを他人にあげたくはない」という怒りです。自分が損したような気分になるのです。ようするに、「他人が楽しむのは嫌」ということです。**自分のものを奪われた気分になるのです。**微妙に嫉妬ともダブっていますが、現れ方が違います。

同じことが起こっても、怒り（ドーサ）になる可能性もあるし、嫉妬（イッサー）になる可能性もあるのです。なんであってももっているものをあげないことがマッチャリヤ（物惜しみ）です。あげても気分が悪いし、あげなくても気分が悪い。大金持ちで豊かな人でも、心に物惜しみがあると、厳重に鍵をかけて高い塀に囲まれた家に隠れて過ごすことになります。

最後にはものがあっても自分では使わないで、触らないことにします。しかも、そのおかしさに気づかない。引きこもって暗くなって、苦しんで生きていることに気づかないのです。

豊かさの逆をいく

豊かさの喜びは、その豊かさを他と共有することで出てくるものです。マッチャリヤの人には、それがわからないのです。

たとえば動画配信を一人で見るよりは、二人でわいわいと見たほうが楽しいでしょう？　たとえ自分が会費を払っていても、友達と見れば会費以上の楽しみを得ているはずです。本当の楽しみは、共有することで生まれます。いわゆる「布施」の精神です。幸福はそこから生まれます。物惜しみは布施の反対で、すごく苦しいのです。

マッチャリヤの人は、共有しないので自分の幸福はぜんぶなくなります。おにぎりでも、二人で食べると気分が良いのです。心が明るくなって楽しくなります。誰にも見られないように隠れて食べるとかなり格好悪いし、楽しみを感じません。

相手が求めようが求めまいが、ある程度のところで知らず知らずにわれわれはいろいろ共有します。幸福になりたければ、ものは「共有」するものなのです。

ちなみに、夫婦げんかでカンカンになって「今日はごはんをつくってあげない」と旦那さんに言ってわざとおいしい料理をつくって子どもたちと食べたりすることは、マッチャリヤ（物惜しみ）ではなく、ドーサです。さらに張り合ってみたい、いじめてみたいという気持ちです。

微妙ですが、ここで説明しているのは、ぜんぶ怒りの変形バージョンですから、互いに隣り合っています。

目指すべきは共有

人間には、「*貪《とん》・瞋《じん》・痴《ち》」以外、なにもなく、自分しか知りません。「生きることが苦である」ということすらわからないで生きています。そんな人間にとって、「共有」というのはとても大事なポイントです。

芸術の世界は、人が喜んでくれなくては、いくら能力があってもなんの意味もありません。芸術家が有名になるのは、どれくらい自分の能力を多くの人と「共有」しているのかで決まります。

もう亡くなったアメリカの画家のキース・ヘリングは、ニューヨークの地下鉄の落書きで有名になりましたね。芸術家は自分の才能をみんなで共有するものです。マッチャリヤではないのです。落書きをしてももちろんマッカ（軽視）のテロ行為でもありません。

芸術家であるなら、どうすればもっとも美しく見えるかと、場所まで計算して書いているはずです。

たまたま経験上「テレビは二人で見たほうが面白い」とわかった人は、どんどん共有する喜びを増やしていけば、気分良く生きられるでしょう。人だけでなく、自然を守ることも「共有」ですから、「自然に優しくしよう」という気持ちで行動すべきだと思います。水を汚さないように、山がきれいなように、たとえばゴミを持って帰ることも、見方によっては「共有」です。

続ければどんどん、気分が良くなっていきます。「共有」の反対がマッチャリヤです。

＊貪・瞋・痴／生命に生まれつき備わっている感情のこと。それぞれ「欲」「怒り」「無知」の意味で、仏教では三大煩悩、不幸の源としてとくに気をつけるよう教える。

怒り⑧——Dubbaca《ドゥッバチャ》「反抗心」

「Dubbaca(ドゥッバチャ)」の直訳は、「言いにくい」です。しつけをしにくい、指導しにくい、教えにくい。「あの人にはちょっと言いにくいなあ」という感じです。「反抗心」と訳したのは、ドゥッバチャの人は結果的に、ほかの人からの言葉を受け取らないからです。

ドゥッバチャの生き方というのは、「**自我中心で、自分のプログラムで、自分のやり方で生きてみるぞ**」というものです。人は、「これが私の楽しみだ」と勝手なプログラムをつくってその通りに生きようとします。しかし、実際にはそのプログラムは成立しません。「生きることは苦である」とも知らないし、渇愛・執着があることもわからないし、ただ単に自分の苦しみゆえに「こうなったら幸福だ」と決めつけているだけです。ただ決めているだけでは、その通りになるわけがありません。

かたくなな自我

自我が強かったり、殻にとじこもったりしている人、とにかく自分が大事と思って「誰がはなしなんか聞くもんか」「俺に指図するなよ」という人などがドゥッバチャです。

そういう姿勢に対して、周りの人は「これじゃだめだ、まずい」と感じて、いろいろアドバイスしようとします。しかし、ドゥッバチャの人は聞き入れません。しつけがしにくいのです。

麻薬が「楽しい」と思う人は、本人は本気で楽しいと思っています。周りで「だめだ」と注意しても「指図するなよ」という態度をとります。学校の子どもたちも同じでしょう。腹が立って反抗的になってしまうと、「うるせえよ、ごちゃごちゃ言うなよ」という態度です。

コミュニケーションの拒否

自我が硬くなったら「怒り」が生まれるのです。なぜなら、生きるうえではものを見たり聞いたりしなくてはいけないでしょう？　ですから、生きることは世間とのコミュニケーションだといえるのです。しかし、ドゥッバチャの場合は、コミュニケーションを拒否しようとします。

しかし、たとえ拒否しても、コミュニケーションをとらなくては生きられません。見ないぞ、と思っても、聞かないぞ、と思っても、なにも見ずに、聞かずに生きることはできません。

学校に行ったら、嫌でも授業を受けなくてはいけない。だから、怒るしかないのです。拒否しているのにコミュニケーションを強いられている怒りをずっと持ち続けるのです。四五分の授業中も、ずっと怒っていなくてはいけません。

宗教についてあまり勉強しない日本の社会では、なにかというと「私は宗教が嫌いです」という人が、けっこういるでしょう？　それも怒りです。

間違った宗教だとしても、宗教をやっている人はけっこう周りにいますから、彼らを見るたびに怒らなくてはいけなくなります。

学びを拒否してはいけない

人間は、生まれた以上は、学ばなくては生きられません。動物も学びます。親から学ぶ動物は、それなりに生き延びられます。人間の場合は、毒も、ツノも、キバもなく、からだも弱い生き物です。生まれつきの能力のなさを学んでカバーするしかないのです。

ですから、断言的に学ばなくてはいけません。実際、われわれはコブラのような毒はもっていませんが、コブラよりたくさんの人を殺せますね。われわれ人間は、生まれもっていなかった能力を、学ぶことで獲得して成長させていきます。

動物も攻撃したり戦ったりしますが、敵を全滅させようとは思わないのです。犬にしても、負けた犬は腹を見せて喧嘩は終わりです。勝ったほうが「俺がえらいとわかったでしょ？　じゃ、そういうことで仲良くしましょう」ということで、それ以上はやりません。

しかし、人間は学ぶことによって、動物にはできないことができます。悪いほうの能力でいえば、全人類だけでなく、地球さえも破壊できるほど力をもっています。良いほうのことでいえば、自然を守ること、助けてあげること、お布施などです。これらはすべて、学ぶからできるのです。

良いことを学べば、巨大な善行為もできるようになります。地球を破壊しようと思っている人間でも、良いほうに学べば、同じ地球を天国のように幸福にすることができます。しかし、いずれにしても学ぶ必要はあるのです。

私たちは生まれたその日から学んでいきますが、しかし、「反抗」という怒りの種がドゥッバチャに変わると終わりです。なにも学べません。ですからドゥッバチャは、人間にとって大きな脅威となる怒りです。**ドゥッバチャになった時点で人間としての成長はストップします。**

覚りからもっとも遠い人

お釈迦さまは、「誰でも覚れますか?」という質問に対して、「言うことを素直に聞く人であること。自分の悪いところ、良いところを素直に話してくれる人であること。その二つの条件を満たした人なら、私のところへ来たら二~三週間で覚らせてみせます」とおっしゃったことがあります。

最初の「素直に聞く人」は、ドゥッバチャの反対です。また、「自分のことを素直に話す人」というのはマッカの反対です。つまり、ドゥッバチャがあったら、もうお手上げということです。お釈迦さまでさえも、覚らせることはできません。ほかの人だったらいうまでもないです。

授業中でも日常生活でも講演会に行っても「人の話なんか聞くもんか」となったら、なにも頭に入りません。幸せになることが書いてある本があっても、手に取りさえもしないでしょう? すべての情報がその人に閉ざされています。「どんなものからでも、なにかを学べますよ」と思わないと成長は無理です。

人間なら誰でも覚えるように指導できる、とおっしゃっているお釈迦さまでも、ドゥッバチャだと失格なのです。いかに怖い怒りかということです。

自我でぎゅうぎゅうに詰まった殻

ドゥッバチャの人は、自分自身が硬い殻に覆われた鉄球のようになっています。もう中にはなにも入らないのです。中がからっぽだったらなにか入りますが、中まで**自我で詰まっている**状態なのです。人生はもう行き止まり。あとはせいぜい心を破壊するだけ。自己破壊するだけ。汚いものが溜まっていく一方ですからね。

死後、天国で生まれることさえ難しいです。天国に生まれるためにも、人から学ばなくてはいけないでしょう? どんな人間でいればいいか、なにをすればよいのか、他の人々に聞かなくてはいけませんね。しかし、ドゥッバチャは学ばないので、なにも身につきません。

反抗心と探究心の違い

われわれも、勉強する過程ではけっこう反抗心が生まれます。「そう言うけどちょっと違うんじゃない？」と。それは、本当のことを知りたい、学びたいという気持ちです。先生と自分の意見を比較して、「あ、やっぱり先生のほうが正しい」と思ったりもします。そういう反抗心は問題ありません。

挑戦する心、鵜《う》呑みにしないで調べてみる心、これは反抗心と似ていますが、ドゥッバチャとは違います。基本的に「学びたい」「進みたい」気持ちなのです。本当のことを求める探究心ですね。

いつまでたっても、人は完璧にならないものです。ですからわれわれは他人から学んで、他人の指導を受けて成長しなくてはなりません。他人から学ぶことは、本当は死ぬまで続けないといけないことなのです。しかし、人からやるべきことをあれこれと言われると受け入れがたくなって、拒絶反応を起こす。それは「怒り」の感情ですから気をつけてください。

怒り⑨——Kukkucca《クックッチャ》「後悔」

「Kukkucca(クックッチャ)」は「後悔」です。後悔というのは自分に向かってすることです。「もっと勉強しておけばよかった」「お金のあるうちに貯金しておけばよかった」などと、過去について、つまり「やったこと・やらなかったこと」について妄想する、気持ち悪くなるのが後悔です。

後悔も「怒り」です。罪です。過去のやったこと、やらなかったことにとどまっていますから、その人は前に進めなくなります。失敗を思い出すたびに足が止まってしまいますし、前に進んでいる人でもスピードが下がります。

過去の失敗にとどまって、精神的に止まってしまいます。目の前のことはなにも見ていません。しかし、肉体と心は「無常」だから変化しています。立ち止まったまま腐るのです。時間が静止したような感じで止まるなら、歳もとらないでありがたいのですが、「無常」だからそうはいきません。

後悔とは、失敗を思い出すことです。成功を思い出すことはクックッチャになりません。そして、**後悔の気持ちにとらわれた瞬間に行動は止まっています。**なにもできないまま、ひどく嫌な気分のまま、成長が止まります。

後悔は罪を大きくする

また、後悔することで罪が大きくなります。罪を犯したならば、それはたしかに失敗です。ですが、そのとき過去を思い出して「悪いことをした。なんてことをしたんだ」と思い返すと、罪を再生することになります。本当は罪を犯したら「もう今度は失敗しないぞ、罪を犯さないぞ」と思うのが正しいのに「ああ、なんてことをしたんだ。自分はだめだ」と後悔してストップすると、罪がどんどん繁殖し、培養されてしまいます。

私たちは、**根本的に怒る性質で生まれています。**そして、怒りは罠です。どの怒りにしても、はまってしまうと抜け出すのがそうとう難しい罠です。かなり気をつけないと地雷だらけです。怒りは嫌なエネルギーで、嫌なエネルギーが次から次へと同じものをつくりますから。

終わりのない妄想

「間違った。失敗した。なんてバカなことしたんでしょう」といって後悔する場合、実際に「した」ことですから、何度でも繰り返して思い出せます。一回、思ったら嫌な気分になります。嫌な気分で明るい思考はできないでしょう？　そんな状態のときに、簡単にできるのは、「もう一度、後悔すること」なのです。もう一度、後悔するとさらに嫌な気分になります。さらに明るい思考はできなくなります。

クックッチャの場合も、嫉妬や軽視の場合と同様、妄想が入っています。理性は機能しないのです。「妄想」で後悔します。過去は存在しませんね。かつてあった歴史かもしれませんが、**今、この瞬間にはないので実在はしないのです。**妄想は同じ感情になりやすいので、いったん後悔するとさらに後悔を繰り返します。ついには、後悔したことにも後悔する。そういう悪循環に入ってしまいます。そして、後悔する人はそこで人生が止まって一カ所で立ち腐れしてしまうのです。

このようにたちが悪いクックッチャですが、前の反抗心（ドゥッバチャ）の人よりはましです。誰か厳しい指導者がガツンと言ってなんとか直せないわけではありません。人のはなしを聞きたくないドゥッバチャは、もう終わり。けっして育てられないのはドゥッバチャの人です。もう死刑は確定したような感じ。

クックッチャの人は、罪を犯しても恩赦で減刑できたはずなのに、その罪を死刑になるまで増幅する人なのです。ですから後悔し続けることはたいへん危険だと理解して注意することが必要です。

怒り⑩——Byāpāda《ビャーパーダ》「激怒」

「Byāpāda(ビャーパーダ)」は「激怒」です。ドーサそのもののことです。ドーサが度を超えた、「激怒」です。怒りがあまりにもレベルが上がって、なにか行動を起こす状態です。

怒りが起こす行動は、人を破壊することです。他人に不幸をもたらしたいというところまで膨らんだ怒りです。

実際に行動するかしないかではなくて、罪は心の中にあります。壊したい、破壊したい、殺したい、殴りたい、殴り返したいとかいう思考です。いじめも精神的な破壊でしょう？　物理的にも精神的にも他人を破壊したいと思ってやることです。「どうやって仕返しすればいいのか」と考えることも、ビャーパーダです。

異常な怒り

ビャーパーダは、*十悪のリストの場合は「異常な怒り」と訳しています。異常な怒りというのは、はっきりした原因が見つからない怒りです。

たとえば、私がお茶が飲みたくてお茶を入れていたときに、ある人が突然「飲ませまい」としてじゃまをして私が茶碗を落としたとしましょう。熱いし、お茶はこぼれるしで私はカンカンに怒ったとします。

こういう場合でも怒ったことは悪いのですが、原因があるでしょう？　しかし、「異常な怒り」の場合は、このようにはっきりとした原因はありません。精神的な病気なのです。

＊十悪／殺生、盗み、邪淫（邪な行為）、嘘、仲違いさせる言葉、粗暴な言葉、無駄話、貪欲（異常な欲）、瞋恚（異常な怒り）、邪見。

大量殺戮《さつりく》の感情

理由の必要もなく、ただ怒るのですから、いくらでも怒れます。大量な害を考える人々などにあるのが異常な怒りです。原子爆弾を開発したりするような、「どこまでも破壊してやる」と際限なく思うその気持ちが異常な怒りです。

人類が核戦争を実行しないのは、敵国に核攻撃をしかけたら自分もやられると知っているのでやらないだけです。東西冷戦の時代、旧ソ連がもし原子爆弾を開発していなかったら、もう地球はなかったかもしれません。旧ソ連が精密なロケットと原子爆弾をもっていたから、アメリカは原子爆弾を落とすことができなかった。アメリカが唯一の核保有国だった頃には、ソ連に対するデモンストレーションのために、平気で日本に原子爆弾を落としたのです。

しかも、核武装の目的は勝つことではないのです。勝つためなら原子爆弾まで使う必要はないでしょう？　誰も原子爆弾で戦おうと思っていないでしょう。ただ、「俺が強いぞ」と見せるために核を振りかざしたいだけなのです。

ですから人類が広島・長崎以外に原子爆弾を落としていないからといって「人間という存在は、過ちを反省して進化している。人間はすごい」ということにはなりません。

反省していたら、もう原子爆弾はつくらないでしょう？　広島・長崎に落としたのはつくったばかりの初期の原子爆弾です。それからは落としていませんが、大量の核兵器をつくってきました。ちっとも反省していないのです。

ビャーパーダというのは、とにかく、大量かつ無差別に破壊したがる気持ちです。個人に対する破壊もビャーパーダですが、理由がある場合は違います。

自分を守るとは？

正当防衛という言葉があるでしょう？　相手に殺されそうになったので自分もやり返したら相手が死んでしまったという場合はどうでしょうか？　この場合は、

ビャーパーダまではいっていません。計画を立てて殺したわけではないからです。本当は人殺しをするよりは、自分が死んだほうがいいのです。どうせ誰でも死にますから、人を殺した罪まで背負って死ぬ必要はないでしょう。いくら自分を守るためだといっても、しょせんいつかは死ぬ命を守りきることはできません。

ですから**「自分を守る」ということは、本当は、「罪を犯さないこと」なのです。**「自分を守ることは命を守ることだ」というのは屁理屈です。ですから、自分が殺されそうになったら「はい、どうぞ。私は攻撃しませんよ」というほうが、自分を守っていることになります。そうやって開き直られると、敵は攻撃できなくなります。攻撃する気持ちが消えてしまうのです。

理屈の成り立たない怒り

精神的に問題のある人と話し合うと、ビャーパーダの働きがわかります。凶暴になって親に対しても「殺したい」「殴りたい」と思ったりします。「どうしてあなたは親を殺したいと思ったのですか?」と聞くと「階段を上がる音がうるさいから」とか「料理する音がうるさくてたまらないから」「一緒に生活するのは耐えられないから」などと言うのです。

「じゃあ、なぜやってないの？」と聞くと「私には料理できないし、ごはんが食べられなくなるから」などと答えます。病気ですから仕方ないのですが、まるで理由になっていません。それがビャーパーダなのです。

病気の人の場合はさておき、私たちでも「仕返ししたい」「攻撃したい、いじめたい」という気持ちが、ビャーパーダになったりならなかったりします。なにか理由があって、「もしかしたら、いじめたら反省するかな」などと思って計画する場合はビャーパーダにはなりません。そうではなく、理由もなくただ考える場合は、きりがないのでビャーパーダです。ビャーパーダの場合も、ただ考える妄想の世界ですから、ストップすることなく、どこまでも怒りが増殖していきます。

十種類の怒りに繊細に気づいていく

誰にでも十種類の怒りすべてがあります。しかし、いつでも現れて活動しているのではなく潜在しているのです。少々のきっかけでその怪獣が目覚めてしまう恐れがあるのです。

単に「気分が悪い」「気持ち悪い」場合は、ドーサ（怒り）です。そこになにか色付けが加わるなら、他の「度を超えた」怒りです。たとえば気分が悪いうえになにか攻撃したい気分が加われば、「ドーサがビャーパーダに変身した」ということになります。

まず、この十種類のデータをしっかりと理解して頭に入れてください。最初に言った犯人探しの例でいえば「どこどこの場所に、こういう格好の人がいるよ」という情報が具体的であればあるほど、犯人を見つけやすいでしょう？　怒りも同じです。種類ごとにしっかりと理解すれば、心を観察したときにすぐに発見できます。もう気づくのは「お手のもの」です。

細かく繊細に気づいていってください。十種類の怒りのどれをどの程度自分はもっているのか、自分が生活しているなかで「あ、今あの種類の怒りが生まれた」「こんな気持ちが生まれた」と、しっかり心で気づいているようにします。

怒りに対処する

気づいたらすぐ消す

怒りに対処するには、早く気づいて早く消すのがポイントです。早く気づいたほうがいいのは火事と同じです。怒りが操縦不可能な状態に高まるまで、手をこまねいていてはいけません。

たとえば、われわれは怒って相手をまさに殴ろうというときになってから、自分が怒っていると自覚することがほとんどです。しかし、それでは遅いのです。

猛烈に怒っている場合だと適切な対処法で怒りをストップさせても、消えるまでに二～三分、あるいはおさまるまでに一日やそれ以上、かかる場合もあります。

怒りの繁殖を抑える

夫婦喧嘩などでは、お互いに悪口のぶつけ合いになってしまって、おさまるどころか、どんどんエスカレートしていく場合もありますね。よくあるのが、旦那さんが「もうお前の顔なんか見たくもない、出ていけ」と言ったりするケースです。そういう場合は、相手がそういう暴言を吐くのを待って、言われたらさっさと出ていけばいいのです。

出ていって自分の怒りがしっかり落ち着いたら、考えも落ち着くかもしれません。「ああ、私はあの人のはなしを聞いていなかったかもしれない。あの人も仕事が大変だし、家のことだって同じように大変だから怒っても仕方ないか」と思えれば、「ごめんね」で終わるでしょう。

もし、自分は気持ちが落ち着いて帰る気になっても、旦那さんのほうの怒りが一日でおさまらない場合は、どこかへ泊まればいいのです。まだ若いうちなら、実家へ帰ったりもできるでしょう。奥さんが帰れないなら、夫が出ていけばいいのです。

とにかく、**怒りには早く気づいて早く消す**。ときには一日たっても怒りがおさまらないこともあるかもしれませんが、とにかく怒りが繁殖しないよう、ストップさせるしかないのです。

「明るさが減ってきた」に気づく

どうしたら怒りに気づくことができるのでしょうか？ 火は火事になる前に小さな火種が出たところで気づいて消すなら災害にはなりません。では、怒りのサインはなんでしょうか？ 怒りは、「明るさが減っていく」のがサインです。ドーサのところで、ホテルの部屋の明かりの例で説明しましたね。

少しでも心の明るさが暗くなったら「怒りの細菌が入っている」と気づきましょう。照明と違うのは、明るさがなくなると、真っ暗ではなくて真っ赤な怒りが出てくるところです。真っ赤になると管理できません。

明るい心が変化して、ちょっとでも暗くなってきたら、「怒りが割り込んできた」と気づくようにしてください。正確にいうと、怒りのごく初期段階では、明るさがなくなって「気持ち悪さ」「嫌な感じ」が生まれてきます。「なんだか気持ち悪いなあ」と早く気づいたほうがいいです。その段階なら一分以内で直ります。そして、気づくには観察することが必要です。

観察材料は二つある

怒りに気づくための観察材料といえば、二つ考えられます。簡単に気づく第一は他人のことです。他人に言われたこと、されたことによって怒ったのだと思うことです。

そして第二の観察材料は、怒ったのは自分自身であることです。こちらのほうは認めたくないのです。他人になにを言われようが、それに怒った自分自身に原因があるとは、誰も認めたくはありません。しかし、自分勝手に世界を制御しようとするのは巨大妄想もいいところです。

ですから、つねに「自分」を観察する習慣をつけなくてはならないのです。世界をしつけして、世界に直ってもらうことは現実的に不可能です。しかし自分を直すこと、制御することは、その気さえあれば、簡単なのです。

観察すべきは自分の心

「嫉妬も怒りである」と、先ほどお話ししました。嫉妬は、十種類のうちの六番目の怒り「イッサー」です。嫉妬の場合は、嫉妬する他人を見ただけで自分の心は冷静になる可能性があります。

たとえば、知り合いですごく嫉妬深い人がいた場合、嫉妬の観察はその人を通じてできるのです。そして他人事ですから、気楽に「やっぱり嫉妬深いのは良くないなあ」と感じるぐらいで、嫉妬に陥らない心を育てられると思います。

しかし、怒りはそう簡単に消えるものではありません。他人のことを観察すると「他人が悪いから、自分が怒ってしまうのではないか」という、「自分は正しい。他人は間違っている」という恐ろしい主観にも陥るのです。それは怒りを消す作業ではなく、**怒りを正当化して心に根深く埋めて、育てることになってしまうの**

です。

怒りを制御したければ、他人のことは措いて、自分の心を観察する方法しかありません。

戦わず、観察する

ですから、あくまで自分の中の怒りをずっと観察していってほしいのです。そして**「怒りを観察する」ということは、「怒りと戦うなよ」ということです。**「怒りをなくしてやるぞ」と思ってはいけません。怒りをなくそうというその気持ちも、怒りです。

智慧で、怒りはなくなるのです。怒りは、理解することでなくなるのであって、戦ってなくすものではありません。戦えば戦うほど、怒りの火も燃え盛ります。怒りに対して怒りで対処したら、燃え尽きて自分がなくなるだけです。

怒りの処方箋を説いたのはブッダだけ

ここまでおはなししているように、人間は怒らずにはいられません。それをどうにかしようとするなら、ブッダが説かれた生命論を知って、智慧で怒りに気づいて、消していくしか方法はありません。それには真理の理解が必要ですから、そう簡単にはいかないかもしれません。

この世で生命に対する本当のこと、ようするに真理を説かれたのは、お釈迦さまだけだと断言できます。だから、怒りを制御することを考える人は、ブッダが説かれた真理に通じている必要があるのです。「であるならば、私には無理」と思って気が抜ける必要はありません。

この本は、仏教の真理をまったく知らない人にでも、仏教徒でない人にでも、ほかの宗教を信仰している人にでも、宗教を信仰したくないと思う無宗教の方々にも実践できるように書いているつもりです。

ポイントは「いったん停止」

もし、仏教をまだあまり知らない人が怒ってしまった場合、どうすればいいのでしょうか？　その答えはたったひとつです。「止まりなさい」ということです。最初におはなしした猛獣に追われるたとえでいえば、「山頂の断崖に行く道を走らない」ということです。

もし怒ってしまったら、なにもしないで、なにも言わないで、そのとき生まれた怒りを放っておきます。怒りに「考える」という燃料をあげないで、心まで止めてください。頭の思考も、言葉を発することも、からだを動かすことも突然止めて、フリーズ状態になってみてください。ただ止まって黙っていればいいだけです。

私が書いた別の本では「**いったん停止**」という言葉で説明したことがあります。無理に笑ったりして取りつくろう必要はありません。なにも行動しないことは、怒りへ燃料をあげていないことになります。怒りであろうが欲であろうが、いかなる感情も「無常」です。いったん停止することで、生まれた怒りもだんだんと消えてなくなります。

なくそうとはしないこと

「怒りをなくそう」とはしないことです。怒りをなくそうとすると、かえって怒りが燃えてしまう場合もあります。だからあえて停止するのです。

たとえば、誰かとはなしていて、思わずカッとなってしまったとします。そのときには「あ、怒ってしまった。ちょっと待て」と自分の心に赤信号を見せて停止させます。瞬間的に湧き出た怒りなら二～三秒でなくなります。

この「止まる」というのは理性にもとづいた行動です。人は皆、怒りがこみ上げるとやけに行動的になるのです。ふだんは動かない腰が重い人であっても、怠けものであっても、怒ったならば行動的になってしまうのです。これが放射線を浴びる（被爆する）よりも危険なのです。この真理はほとんど知られていないので、「怒ったら止まるんだよ」とわざわざ教える必要があるのです。

それでもおさまらないときは

このように、怒ってしまったら自分と戦う必要もないし、相手を攻撃する必要もないのです。そのままからだを止めておくだけ。「怒ったら止まる」というのは、いちばん楽な方法です。

もし一分間止まっていてもまだ怒りがこみ上げてくるようなら、呼吸を数えるといいでしょう。ゆっくり「一・二・三・四・五」と数えながら、大きく吸います。次に、ゆっくり「一・二・三・四・五」と数えながら、大きく吐きます。数えることで心を止めますから、十回ぐらい繰り返せば、感情は消えているはずです。それからまたはなしを続ければよいのです。

簡単にいえば「興奮したら落ち着け」ということです。「落ち着け」というのは「止まれ」ということです。くれぐれも怒りと戦って、その怒りに燃料を与えてはいけません。

最短の道は智慧の開発

本当のことをいえば、「智慧の開発」が怒り克服の最短の道です。仏教を学んで人格向上への取り組みをして、智慧を開発するのです。

しかし世間はあべこべですから、「智慧の開発こそいちばん難しい」と思っています。幻覚やら固定概念やら先入観やら、ありったけの妄想概念にひっかかり、それが正しいと思ってしまっています。

われわれの頭の中は、怒り、嫉妬、欲などの感情を克服したこともない、俗世間のことを高く評価する思考でいっぱいなのです。

現象を見破ったことがない、生きることはどういうことかと発見したこともない人々の考えは、俗世間の現象はそのまま事実だと、真理だと前提にして、受け止めたものです。俗世間のさまざまな概念にとらわれることは、「蜃気楼」が「水」だと信じているようなものです。

蜃気楼を楽しむ

蜃気楼を「あれは水である」と思って、誰がなんといっても砂漠を走ろうとしている人がいるとします。蜃気楼のしくみがわかっている人がその人を見たら、「それは光の屈折で、水ではありませんよ」と教えてあげたくなるでしょう。砂漠で蜃気楼を見て「飛び込んでやろう」と走っても、ただ苦しいだけだとわかるからです。

走っても走っても、蜃気楼は遠い。そこに水はありません。結果は不幸に陥るか死んでしまうかです。

怒りの克服を目指して、ブッダの真理を理解するということは、いまの蜃気楼のたとえと同じです。理解した時点で楽になります。蜃気楼のしくみを知っている人は、蜃気楼に飛び込もうとはしないのです。「けっこう面白いもんだな」と、楽しく蜃気楼を観察できる人間になるのです。

智慧はいざというときものを言う

もうひとつ、智慧がある人は、なにかことが起きたとき、現場で、行動で見せる人でもあります。**いざというときの行動で、智慧があるかないかの判断ができます。**

たとえば子どもが言うことをきく限りは優しい母親でも、言うことをきかなくなったとたんに激怒するなら、その母親には智慧がありません。子どもが失敗したときこそ、本当に智慧のある優しい母親かどうかがわかるのです。

あるいは、日本の経済学者は世界一流といわれているかもしれませんが、本当に仕事すべきは「今」でしょう。どん底の不景気な今こそ出番なのに、なにもアイディアをもっていないでしょう？　それは大学のあらゆる学位を獲得しているお医者さんがいても、実際の患者さんの診断ができなかったら意味がないのと同じです。

わかったふりをしない

だから、智慧を育てなくてはいけないのです。智慧を育てるためには大切なことがあります。それは「わかったふりをしない」ということです。自分の心について、感情について、怒りについて、「私は知りません。だから学びます」という態度がいいのです。

ダンマパダ（法句経）に「われは知っているという人は愚か者で終わってしまう。われは知らないという人は賢者となって終わる」とあります。愚か者が、「自分は賢者だ」と思っていたら、最後まで愚か者のままで終わってしまいます。

なにより真剣に「怒り」を学ぶ

怒りを克服するためには、まず怒りを理解することが必要です。理解するためには、医学より、経済学より、物理学より、なにより真剣に「怒り」について勉強する必要があります。それは自分の人生に欠かせない勉強になるからです。

医学や経済学や物理学などを学ぶ場合は皆、必死になりますが、その知識は人生に欠かせないものだとは言い切れません。そのような知識がなくても生きていられます。しかし、生きるとは心の働きです。

心の働きをまったく知らないで幸福に生きられると思うことは、運転を習ったことのない人がプロの運転手並みに運転できると思うことと同じです。

その人の運転では車はちゃんと進むどころではなく、事故を起こして自分にも他人にも被害を与えることでしょう。

われわれは生きることの免許も取らないで生きているのです。当然、事故は多発します。どんな知識よりも、真剣にブッダが説かれた心に関する真理を学んだほうがよいと思います。

第3章

人格を完成させる人生論

究極の真理を理解する

怒りを克服するために

生きることは巨大な矛盾であると、先にお話ししました。一つひとつ矛盾に気がつけば、それで落ち着くのです。くだらないことにしがみついて、泣きわめいて、怒りで破壊することはなくなります。なにがあっても「ああ、そうかい」で終わるのです。

だけどふつうは、そうできないのですね。そこで私たちは、怒りを克服するための新しい「人生論」をつくらなくてはならないのです。正しい人生論をつくるのです。怒りを克服するための一番目の人生論はもうお話ししました。それは怒りを理解することであり、智慧を開発することです。智慧が万能薬で、すべてを解決します。

ここからはもうひとつ、別の見方からの人生論をお話しします。いずれにせよ、ぜんぶ究極的な真理から発生する考え方です。

生命の成り立ちに遡《さかのぼ》る

「生きることは感覚」というおはなしを最初にしました。感覚があるのだから、「見る」「聞く」「味わう」「嗅ぐ」「からだで感じる」「心で考える」という六つの機能が成り立つのです。

耳に感覚があるから「聞こえた」となります。そして「聞こえたのはこういうはなしだった」と、頭で認識したりします。

「考える」ということは、なにか感じなくては成立しません。なにか考える前に、まず感じているのです。聴覚なら、聴覚が生まれる前に、もう音を感じています。

それでわれわれは、大失敗するのです。

「私」が曲者

耳で音を感じたら、「私は聞きました」とすることが失敗なのです。見たり聞いたり、味わったり、感じたりする過程で、いつでも「私が聞きました」「私が見ました」ということにしてしまうのです。

この「私」というのが曲者《くせもの》です。

育つにつれて「私」が強くなる

赤ちゃんのときには「私」という言葉はもっていませんが、なんとなく「自分」という実感だけはあります。やがて言葉を覚えると、いつでも「私」という言葉を入れて考えるようになります。

さらに勉強して頭がいかれてしまうと「私」というものが「実際にあるんだ」と思うようになります。「自分という尊いものがあるんだ」と思うのです。

大きくなる過程でどんどん頭が悪くなって、我を張るようになったり、いよいよわがままになったりします。

「私」を肥大化させるやり方では、勉強するたびに頭が悪くなっていくばかりです。結果として、悪いことをしたり、罪を犯したり、嫌な人間になっていきます。

「私」は概念に過ぎない

見るたびに、聞くたびに、とにかくなにかを感じるたびに、「私」という実感が生まれます。「私が見てる」「私が聞いてる」「私が味わってる」と思います。しかしそれは、言語で、言葉のうえで、感じるたびに「私」という実感が生まれるということです。つまり、**「ただの概念でしょう?」**ということです。

言語というのは、まず概念が先にあって、あとからそれに音をつけることです。言葉はいくらでも入れ替え可能です。たとえば「私」のかわりに「Xが見ている」「Yが聞いている」「Zが味わっている」と言ってもいいのです。

「私」は一貫していない

概念というのは、次から次へと生まれるものです。われわれは生きているうちに、いろいろな音を聞きます。そして、音によって「自分」という実感が変わるのです。

たとえば、みんなが「美しい音楽だ」と言っている音楽を聴けば「ああ、私は楽しいんだ」という「楽しい自分」になるでしょう。反対に、強烈な雑音とか救急車の音、ギャーギャーというわめき声などの音を聞けば「私は気分が悪い」となるでしょう。

つまり、音によって「私」の中身が変わっていきます。「Xが音楽を聴いている」「Yが雑音を聞いている」と言ってもいいのに、私たちは「私＝X＝Y」にしているのです。しかし、XとYの値が違います。X＝楽しい感覚、Y＝嫌な感覚です。「X＝Y＝私」にはなりません。

「私」という概念は厄介な代物

そのように、実際は音を聞くたびに「私」の中が目まぐるしく変わっていくのです。私というラベルを貼った入れ物に水を入れたり、水を油に入れ替えたり、ジュースに入れ替えたり、硫酸に入れ替えたり、またはそのほかのさまざまなものに入れ替えたりする。

しかし私たちは入れ物のラベルが「私」ですから、中身を無視して同じものだと勘違いしているのです。

われわれが日常で使っている「私」という概念は、厄介な代物です。私という単語、概念を使わないとコミュニケーションできないので使っても悪くはないのです。しかし、**瞬間的に「私」の中身が変わって別なものになる**のだと理解する必要があるのです。

「同じ私」という大きな誤解

「自分」は変わっていきます。もちろん見るものによっても、味わうものによっても、「自分」は変わっていきます。感覚が変わっていくのです。しかも、その感覚は互い違いです。いつでも、快と不快なのです。無数の互い違いの感覚の認識をひと束にまとめて「自分」「私」と言っているのです。

細かく分析してみれば、一秒に一億回ぐらい「私」が変わっているはずなのです。しかし、われわれはなぜか、生まれたときから「同じ私がいる」と思っています。これが巨大な「無知」なのです。**「同じ私でしょう。ずっと一貫してあるじゃないか」と、一貫して誤解・錯覚しています**。

もし「ずっと同じ自分」だとします。そうしたら、たとえば人生ではじめてバラの花を見て、なにか感じたとしたなら、そのあともバラの花を見るたびに同じ感覚を覚えるはずでしょう？　それが科学的・論理的な思考です。しかし、実際はそうはなりません。見るたびに、感じることが変わるので、同じ感覚は決して生まれません。

これまで食べたことがないものをはじめて口にして「超おいしかった。感動した！」というほどの味だったとしても、二回目にはその感動はないでしょう。違う感覚、違う自分です。

自分が一人ぼっちになる瞬間

そのように人間というのは、無数に生まれては消えてゆく、生まれては消えてゆく感覚に対して、まとめて「自分」だと思っています。「自分という個体」として「固定したなにか」があると思い込んでいます。

それらはすべて錯覚です。そして、どんな人にもこの錯覚があるのです。生命の法則として、どうしても「私という確固たる存在がいる」という錯覚が生まれるのです。

まず「自我」の錯覚です。赤ちゃんのときからある「なんとなく自分」という感じからはじまって、成長するにしたがい「自分がいるんだぞ」と思う錯覚が生まれます。そこまで錯覚すると「自分と違った他人がいる」という錯覚も出てきます。その瞬間、自分が一人ぼっちになるのです。それからはもう、生きることは苦しみ一筋になります。

「自分」と「他人」を隔てる殻

「自分」がいれば、「他人」がいます。他人には、気に入る他人もいるし、気に入らない他人もいます。気に入る他人とは仲良くしたくなるし、気に入らない他人は追い出したくなります。

「自分」という殻をつくった時点で、他人と分かれます。それぞれの人がそれぞれの殻をもっていますから、誰もが「自分のことしか知らない」となります。すると、他人はライバルでしかありません。

他人の目的と私の目的が違ってしまうので、「お互い仲良く」ということは成り立たなくなってしまうのです。

それで結局人は、自分のことにしか興味がないし、自分が良かれと思っている目的に向けてしかがんばらない、という生き方になります。

「自分」が怒りをつくり出す

また「自分というなにかが実在する」と思い込むと、次から次へと怒りが湧いてくるのです。なぜかというと、次の章で詳しくご説明しますが、見るものや聞く音、あらゆることが自分で管理できないからです。

ひとつ例をあげますと、耳にするものはどちらかというと、気持ち良い音よりも気持ち悪い音、「嫌」なことのほうが多いのですね。そして、「気持ち良い」音の場合でも、たちまちなくなってしまいます。

気持ちの良い音を聞いた瞬間は楽しいのですが、すぐに楽しみがなくなってショックを受けます。もちろん、気持ちの悪い音は聞くたびに気持ち悪いですから、怒りでしょう。音自体は消えても「嫌だったな」という怒りの余韻が残ったりします。

欲の場合も、「あのとき気持ち良かったなあ」と思うたびに悲しくなってしまいます。二度と同じようにはできませんからね。

自我の価値

われわれは、あり得ない幻覚に過ぎない自我に対して、究極的な評価をしているのです。「究極的な価値のあるものはなんですか?」と人々に聞くと、「私の命だよ」と言うでしょう?

命が危うい状態になったら、なんでも捨てるでしょう。ふつうなら自分の足は大事だと思ってはいますが、いざ足が壊死する病気になったなら、なんのことなく「先生、お願いします、切断してください」と頼むでしょう。ガンになったら、躊躇《ちゅうちょ》なくその臓器を捨てます。いくら財産に固執し金に目がないケチでも、とんでもない重病に陥ったなら、どんな高額な治療でも受けようとするでしょう。

ですから、人間は自我という幻覚から「私は究極的な価値」と思って、その気持ちで生きているのです。すべての生命は「われにこそ究極的な価値があるぞ」と思っています。最悪なのです。

守りたい自分の命

私たちはいつでも、しっかり真理を学んで自分を管理しなくてはならないのです。そうしない限りは、なにかあればまず先に自分を守ることを考えて、他を殺したりします。

われわれの血を吸う蚊にしても、つぶされないようにいろいろ工夫します。まず、ブンブンと音をたてて飛び回る。私たちは手や足を動かして追い払おうとします。そうすると蚊は、どこが人体の動かない場所なのかがわかるのです。わかったら、すっとそこにとまって血を吸います。自分の命はしっかり守ったうえで人の血を吸う知恵です。

人間の文化は「戦争文化」といっても過言ではありませんが、刀や槍で戦った時代でも、身を守るために楯も使ったのです。武器を使うと同時に、工夫して自分を守っています。

日本の鎧兜《よろいかぶと》は面白いです。「あんな重いもの着て走れるの？　戦えるの？」という感じ。「そこまで死にたくないと思うなら戦うなよ」と言いたくなります。西洋の鎧だって鉄板そのものです。博物館で見ると、「この人たちは、どれだけ死にたくないと思っているのか」とばかばかしくなります。それなのに、戦争に行くのです。

殺し合いは自我のゆえ

問題は「自我」なのです。戦争は措いても、われわれは「自我」という身動きできない鎧兜で身を固めています。**自我で固めるということは、他の生命に対して鎧をつけることです。**鎧をつけた時点で、周りはみんな敵だらけです。やる仕事は決まっています。「お互い戦って、殺し合いをやりましょう」ということです。

自我は管理したがる

すべての争いのもと

本当は、**「自我」という殻は幻覚です**。しかしこの幻覚があるので、怒りが際限なく生まれてしまいます。相手が、周りのすべての人が、ライバルになってしまいます。

たとえば、他人から言われたことに腹を立てる場合がありますね。そのときに起こるのは、「私を侮辱された」という気持ちです。詳しくいうなら「私が聞きたいことではなく、私が聞きたくないことを言われた」という感情です。

しかし、音は自然のものです。**私に「聞きたい音・聞きたくない音」を判断する権利があるものでしょうか？** たとえ私が「雨は降ってほしくない」といっても、雨はやみませんね。同じように、相手も自我に凝り固まっている人ですから、その人が自分に対してなにを言うのか、聞くほうで管理するなんて無理なはなしです。それなのに「どうしてそんなことを言うんですか」とか、「失礼ではないか」と言って、怒ってしまうのです。

「こうなってほしい」は、極限の無知

われわれは、本音では「美味しいものだけ食べたい」「聞きたい音だけ聞きたい」「見たいものだけ見たい」などと、まるで聖書に出てくる神様気分です。信じられないほどバカなことをやって生きています。

そうなってしまう理由は「自我という幻覚にやられているから」なのです。自我で、幻覚で、自分以外のものを管理しようとしているのです。

しかし、聖書を読んだって、神様の気分どおりにはいかないできごとはたくさん起きているでしょう。一人ひとりの人間なら、ほとんどうまくいかないのは当たり前です。それなのに実際は「われは神よりも優れている」「私の希望どおりに

変化していってほしい」と思っているのです。それって、極まりない無知ではないでしょうか？

「私はこうなってほしい、ああなってほしい」「世界はこうなってほしい」「家族はこうなってほしい」「会社はこうなってほしい」……。そういう極まりない無知に陥ったことを平気で言います。さらに、その愚かさにまったく気づかない。論理的に考えれば、信じられないほどバカなことを言っているのに、それに気づきもしないのです。

管理しようとする怒りの世界

たとえば、私の声がすごく大きいとします。誰かが「もう、うるさいわね。あなたの声が大きくて」と思ったとするでしょう？　それは、その人が私の声を管理しようとしていることになります。

しかし、私の声はもともと大きいわけですから、私からすればふつうにしゃべっているだけ。それを他の人に管理できるわけがありません。

仮に「あなたの気分が悪くなるのなら」と、私のほうで調節して声を小さくしたとしましょう。すると、今度は私の気分が悪くなります。結局は、「なんでえらい俺様が気をつけなくちゃいけないんだ」と思ってしまう。そうやってお互いさま、「怒り」になってしまうのです。

管理するという自我の病

世の中の音を自分の好き勝手に管理することはできないし、見えるものを管理することもできません。しかし人間は結局、それをやろうとしています。

たとえば、人間の社会には「料理」という文化があります。それも「自我」が監督してつくり出す作品なのです。人間以外、誰も料理して食べませんね。ウサギはキャベツをそのまま食べるのであって、料理したキャベツをあげても食べません。人間もキャベツを食べますが、ロールキャベツや、炒め物や、みじん切りにしてドレッシングなんかをかけたり、いろいろ手を加えます。「キャベツをコントロールしたい」という自我がさまざまな料理をつくり出すのです。

料理をすれば、美味しく食べられるかもしれません。しかし、①からだに悪い。②手間がかかる。③料理方法を学んだりするストレスがある。という欠点を生み出しています。さらには、「キャベツがどんな味かわからない」というデメリットもあります。

料理によって自分の好きな味で食べていますから、たとえ六〇年間キャベツを食べても、キャベツの本来の味はわからないのです。

世界を変えようとすること

人間は自我があるので料理文化をつくり、芸術をつくり、いろいろな建築物をつくってきました。

建物でいえば、外観のデザインに凝ったりすることはもちろん、じゅうたんやカーテンなどのインテリアも手間をかけて選んだりして、かなりややこしい世界で生きています。カーテン本来の機能からいえば、太陽光を遮ることができればどんなものでもいいはずです。

しかし家を新築でもしたら、カーテンを選ぶとき「なんでもいい」ではすまされません。美しいデザインで、インテリアにも合って、もちろん紫外線もカットして……といろいろと要求が出てきます。それで「やっぱり専門家に頼まなくては」と、また大きな手間やお金、時間をかけることになるのです。

自分の自我に合わせて世界を変えようとするのは、かなり苦しい作業です。やろうとすれば、当然その過程で怒ることになります。**変えようとする相手は、なんといっても「世界」ですから、けっして思ったとおりにはいきません。**思いどおり、企画どおりの結果を出すには、むちゃくちゃ苦労する必要があります。

完璧な管理に成功したマイケル・ジャクソン

管理に成功した例があります。もう亡くなってしまいましたが、米国のアーティストのマイケル・ジャクソンです。マイケル・ジャクソンのステージは見事ですね。私はブダペストでのステージをインターネットで見ただけですが、びっくりしました。一秒一秒、計算して、いかに美しく芸術的に舞台を演出するか考え尽くされていて、本当にまったく欠点のない、完璧なショーなのです。まさに「期待どおり」です。

私は、ふだんは二〜三分で飽きるほうですが、マイケル・ジャクソンのステージは完璧なので、ずっと見てしまいました。舞台の演出も歌も踊りも、自分の見せ方まで、指先のかすかな部分まで、なにひとつ、無駄なものがありません。完璧に管理されています。

完璧な作品でも感動は続かない

問題は、その完璧な作品をつくるのに、どれくらいの人々を集めて準備して、稽古して、精密に組み立てなくてはいけないのかということです。照明にしてもゼロコンマ何秒の単位で計算して変えていく世界です。いったい何回リハーサルしているのでしょう。

つまり「自我で、エゴで、希望どおりにするためには、どれほど苦労しなくてはいけないのか」ということです。しかも、希望どおりに完璧に成功したとしても、その成功はほんのわずかな時間です。

マイケル・ジャクソンのステージは完璧ですが、感動がずっともつわけではありません。あれほどまでに完成されたステージでも、次のステージがまったく同じ演出だったり、踊らないで歌うだけだったりしたら、たとえマイケルの大ファンでももう満足しません。

「お互いさま」なのです。見るほうも自我のとおりに、期待どおりのステージを見たい、聞きたいと思っています。

「完璧な成功をしても、わずかな時間でチャラ」なのです。つまり、どんなに管理が成功したとしても、エゴの世界は限りない苦しみの世界でしかない、ということです。

自我がつくり出す世界

自我の世界は冷たい

苦しみの世界では、怒りしか出てきません。ですから、マイケル・ジャクソンのように、あんなに完成度の高いトップアーティストであってもすごく精神的に不安定で怯えていて、自分を守ることに大変でした。誰になにを言われるかわからない。裁判にまでなったりする。個人の人生としてみると悲しいものです。

たとえマイケルが命がけで素晴らしいステージを見せても、みんな自我・エゴだらけでわがままですから、言いたい放題でした。一度、彼の子どもをファンサービスで顔を隠したまま見せてあげたことがあったでしょう。

ファンは喜んだけれど、「なんてことをするんだ、頭がおかしいんじゃないか。

親の資格があるのか」と、世間からはメチャクチャにバッシングされました。

「怒ってはいけない」という怒り

あれほど立派なアーティストに対して、世間の対応は敬意を払わないものが多かったのです。ふつうならカンカンに怒ることをいろいろ言われたり、されたりもしました。しかし職業柄、怒っても怒りを表に出してはいけなかったでしょう。それでかえって苦しくなります。精神的に不安定になって、不眠になったり薬まで飲まなければならなくなりました。

なぜそうなってしまったかといえば「怒ってはいけない」という怒りがあったからです。

芸術家は、一般人のように生々しい怒りは表現しません。相手のわがままに対応しようとします。しかし、それが本人にとってたいへん苦しいのです。自分にもエゴがありますから、怒りを表現しなかったことで怒りに焼かれてしまいます。

優しさのない世界を生きる

マイケルの例に限らず、自分が他人の自我に合わせて一生懸命やってあげても、相手が自我ばかりですから、返ってくる反応はおかしなものです。ちょっとしたことで忘れてしまう。ちょっとしたことで降板させてしまう。なんの優しさもない世界で、われわれは生きています。

そのような環境で、いったい怒らずにいられるのか？　ということです。

現実を直視した人生論

自我・エゴというのは、ややこしいのです。自分の計画どおりにいくと、気分が良いのです。見たいものだけ見て、聞きたいものだけ聞けたら気分が良い。住みたいところに住めるなら気分は良いのですが、それを実現するために待ちかまえているのは、並大抵の苦しみではありません。三時間の舞台演奏には、三年間の稽古が必要だったりします。

ですからぜひともあなたにひとつ宿題を出したいのです。「五分間の楽しみに、われわれは一年間苦労しなくちゃいけない。人生とはそんなものである」という人生論に達せられるように、論理的に考えてみてください。これを二番目の人生論にしましょう。

怒りで耐えれば自己破壊になる

仏教も知らなければ、今言ったような人生論ももっていない俗世間の人々は、怒らないために怒りで耐えているのです。それで薬漬けになったりします。マイケルは麻薬を使っていませんが、プレスリーとかモンローは麻薬でだめになったでしょう。マリリン・モンローもセックスシンボルといわれていて、怒ってはいけない仕事でした。金持ちたちは皆わがままですから、モンローを自分の好き勝手に使えるモノだと思って、人間として見ていませんでした。

それでもプロ根性でしっかり耐えてがんばった結果、彼女は死んでしまいました。死は誰にでも平等ですが、死ぬまでの過程で薬物を使い過ぎたりしたのはそういうわけです。

幻覚がつくり出す際限のない世界

立派なアーティストによる舞台パフォーマンスは楽しいものですが、その裏側は結局、パフォーマンスする側も、見る側も、両方がエゴイストです。世間では、「立派な舞台をやってなにが悪いんだ」「ゴージャスな建物を建ててなにが悪いんだ」「別荘が三つあってなにが悪いんだ」という論理展開でしょう？　本質的なことはなにも研究していません。エゴは幻覚ですから、そこからなにを始めても無意味です。幻覚のなかに居続けるだけなのです。

のどがかわいたら、コップ一杯の水を飲めばそれで気持ち良くなるでしょう？ところが、精神的な病気にかかってしまって「自分はのどがかわいている」と思い込んでしまったら、どんなに水を飲んでも解決しません。それと同じです。認知症の人がいくらごはんを食べても、また「おなかが空いた。ごはんをちょうだい」と言うのと同じです。食べた三分後に「一週間も食べていない」などと言って、さらに文句まで言います。「なんでごはんをくれない。殺す気ですか」とかね。「いま、食べたでしょう?」なんて言うと、余計に怒られます。そういう人は、どれくらい食べたら「ああ、満足。おなかいっぱい」と言うでしょうか?

現実ならなんとかなりますが、幻覚・錯覚の世界ではどうにもならないのです。

世間の道は、破壊の道

もうひとつ、例を出しましょう。たとえば会社の社長が自我の強い人だったら、「社長が怖い」という思いで言うことをきくでしょう。しかし、その「怖い」を社長に表現したりはできません。

そこでどうなるかというと、「怖い」という「怒り」が自分の中で燃えてしまいます。自己破壊です。

その怒りを克服するためには、理解が必要なのです。世間の道を行く限り、終わりのない「怒り」の世界です。「お互いさま」ではきりがありません。「私」の自我が強いなら、周りの人もおのずから自我が強くなります。自我が強ければ強いほど相手の言うことはきけなくなります。当然、相手は「私」の言うことはききません。どうしても言うことをきかせたかったら暴力で、権力で言うことをきかせなければいけなくなります。

錯覚の自我のために生きているという人生論

それでは三番目の人生論を理解してください。

「われわれは自我が錯覚であるにもかかわらず、その錯覚の自我を土台・根本原因にして、自我・錯覚のために生きている。だから結果として、生きる道は、一貫して怒りに狂ってしまう。その怒りを他人に表現しようがしまいが、自分を破壊してしまう」という真理です。

目指すべき場所

自我という錯覚があると、次の結果は決まっています。極限に怒る人生になります。だから、われわれは新たな人生論をつくる必要があります。

自我とは幻覚です。この幻覚にからまれたらどうしようもないのです。

車輪の中で回り続けるだけのハムスターのように、限りなく怒りの道を歩まなくてはいけないのです。それをきちんと知ってください。われわれは車輪の外側に目的地を置かなくてはいけないのです。

新しい人生論は自我を破る

最小限に怒る人

新しい人生論の必要に気づいたら、まず、きりのないお互いさまの世界から、一歩抜け出しましょう。

具体的には、**「適度・適量を知る」「余分なものはカットする」**という生き方をします。余分なものをカットしたぶん、自分の怒りはなくなります。もちろん、あいかわらず適度の部分で怒りは生まれます。しかし、「無量」から「適度」になったら、すごい違いでしょう？

限りなく怒ることがある世間で、最小限に怒る人になる。破壊ばかりの世界にいたのが、破壊は「ほどほど」の世界になるわけですから。無量から適度を目指しましょう。

余分にもつ必要などない

適度を知る。余分なものはカットするとはどういうことか、解説しましょう。

世間では「別荘が三軒あってなにが悪いんだ」などといいますが、それは断言的に「悪い」のです。「金があるのだからいいじゃないか」といっても、それは「悪い」のです。

肉体はひとつしかないでしょう？　肉体ひとつぶん程度のわがままならかまいませんが、それ以上はだめだよということです。自分にはどの程度が必要で、どの程度なら管理できるのかを問題にします。食事ならば、一日の食事の回数はだいたい三回でしょうし、摂るべきカロリー量も決まっています。その範囲でなにか楽しむわけですね。

「別荘三軒」といったら、莫大なお金がなくてはもてないでしょう。そのお金を儲けるためには、朝から晩まで走り回らなくてはいけません。会社をつくったり、海外に行ったり、忙しい生活のはずです。では、いつ別荘に行くのでしょうか？忙しくて一生に何度も行かない別荘はなんのために持っているのでしょうか？日本にも「ロールスロイスを四台持っています」という人はいます。会社の場合は別ですが、個人では一度に一台にしか乗れないでしょう。

ですから「いくらあってもいい」というのは無茶なはなしです。非論理的もいいところです。

適量、適度を知る

しかし実際は、「ロールスロイスを四台持つことが正しい道だ」と社会は教えてくれて、われわれもそのバカなはなしにのってしまうのです。

無駄なのに、ロールスロイスを四台持っている人がいると「じゃあみんな、ロールスロイスを四台持てる人になりましょう」と、世界の価値観が言います。言われた人は現実的にはできないから、頭でゴチャゴチャと悩みます。悩むというのもまた怒りなのです。

適量・適度というのは自分で管理・管轄できる範囲です。管理し過ぎても自己破壊ですし、管理できなくなっても自己破壊です。

世間の道は自己破壊の道

世間の道は、怒りの道、自己破壊の道です。自我というのは自然に出てくるもので、最初から誤解ですから、「小さなこの自我にはどの程度のものがよろしいか」と考えて、わきまえて、そこで満足すれば人生は楽しいのです。

「いくらあってもいい」ではなくて、「**どの程度ならば管理できるのか**」と考えるべきです。

無量の苦しみを適度な苦しみにする

大きな家に住んでいるお金持ちが、リビングと書斎といくつもある寝室にそれぞれ一台ずつ、さらにお風呂に一台……などと順にテレビを置いていって合計一四台のテレビをもつくらいはいいかもしれません。しかし、日本人全員がテレビを一四台もてるわけでもありません。一人ひとりが適量・適度をわきまえるべき、ということです。

節度・適度を知れば、無限の苦しみは適度な苦しみになる、というのは、ひじょうに論理的な法則です。エゴから無限の苦しみが生まれ、そして無限の苦しみから無量の怒りが生まれてきます。それは「守りたい」と思ってやまない自我が、自分を破壊してしまうプロセスになります。そうならないために、「適度を知る」という法則を覚えましょう。

自我が生まれるプロセスを学ぶ

次に、自我そのものが錯覚であって「こんな感じで生まれるものだ」というシステムを学んでみます。

たとえばどこかが痛いとき、「痛い」と思いますね。手足やからだが痛くなって「ああ、私が痛い」と感じる、そのときに観察するのです。〈本当は「私が痛い」ではなく、はじめは痛い場所に、苦しみの感覚が湧き起こってきて、そこに「私は痛い」というふうに、「私」が割り込んでくるんだ〉ときちんと観察して、知ってみるのです。

痛い腰は「私」ではない

腰が痛い場合、その痛い場所には「私」はないでしょう？　ただ、腰のその部分が痛いだけです。人のはなしを聞いて腹が立つ場合も同じです。本当に起こっているのは、耳で音を感じていることだけ。それを脳で解釈して「私」が怒っているとするのです。

しかし、その怒っている「私」はあとから割り込んだのです。「なんであなたは私にこんなことを言うのか」という自我は、かならずあとから割り込むのです。脳が勝手にそう認識するだけなのです。

足が痛い場合、「足に痛みがある」という事実を脳が解釈して「私の足が痛い」ということにしてしまいます。

しかし、本当は違います。正しくは「足に痛みがある」なのですが、その誤解については、みんなあまり気にしません。

あとから割り込んでくる「私」

情報が触れて感覚が生まれたところで、ただ単にどこからともなく「自我」「私」が割り込んでくるのです。**その「私」は現実ではありません。錯覚なのです。**

感覚が生まれると突然――見ただけで、聞いただけで、味わっただけで、嗅いだだけで、からだで感じただけで、考えただけで、「私」が割り込んできます。割り込んでくる「私」は妄想概念です。幻覚です。

ただ流れて消えていく

本当は「自分」というのはただ流れていくだけです。聴覚が流れて消えていく。感覚が流れて消えていく。寒くなれば寒いという感じが流れて消えていく。暑くなると暑いという感じが流れて消えてゆく。自分にはなにも管理できません。自分というものは、はじめからないのです。冷たいものに触れたら、冷たさを感じてしまう。温かいものに触れたら温かさを感じてしまう。本当に自我があるというならば、感覚を思いどおりにしようとすればできるはずです。しかし、実際はできません。本当は自我などないから、肉体の管理もできないのです。なにひとつ、希望どおりにいきません。

希望どおりにいかないのが当たり前

希望どおりにいかないことこそ「当たり前」なのです。「希望」とは、「自我」ができもしない、あり得ないことを思うことに過ぎないのです。「希望とはあり得ないのだ」とわかることは、かなりレベルの高い智慧です。

すべてのものごとは、希望どおりにいかない、因果法則のとおりに流れるのみ、ということです。

自我はないという事実を知る

「自我」という錯覚によって、怒り憎しみが現れます。しかし、本当は、ものごとはただ単に変化しているだけです。**肉体に外の物質や情報が触れてからだがずーっと変化していくのであって、変化するプロセスがあるだけです。**これは瞑想しない限りは経験できませんが、事実はそういうことだと知りましょう。

自分では「自我があるんじゃないか」という気持ちはあっても、「実際は自我はないんだよ」というのが事実です。この事実を知ったならもう怒れなくなります。

他人のありがたさを知る

自我のしくみを理解すると、ものの見方が変わってくるはずです。みんな誰もがわがままであるのは当たり前のことだとわかります。そして不満に思っていた周囲に対しても「みんなわがままなはずなのに、いろいろと私に協力してくれるものだなあ」と思えるはずです。

つまり、自我が錯覚だと、頭の中だけでも理解しておけば、人間は怒る必要も威張る必要もないのだと理解できるようになると思います。

たとえば妻にだって、自我はあります。本当はわがままで料理をつくりたくなくても、夫に合わせたくなくても、いろいろやっているでしょう。それがわかれば「感謝」が出てきます。

夫は休みの日に朝寝坊するのに、妻は前の晩が遅くてもちゃんと早起きしてごはんをつくったりしてくれるのであれば、感謝すべきです。自我を抑えて、家庭を守るために対応してくれているのですから。感謝を態度に表すか、言葉に表すかすべきです。

本当の道徳

感謝とは？

世間ではよく「感謝しましょう」などと言います。しかし、自我というポイントを理解しないままだと、そんなことを言われてもピンとこないと思います。「そうか。みんなエゴイストなんだ」と正しく知ったなら、「それでもやってくれるのはありがたい」と自然に思えるでしょう。

年中怒られる親に対しても「よく気にかけてくれているんだな。本当は自分のことだけ良ければいいと思っているエゴイストなのに」というふうに思えるようになります。その理解自体が「感謝」ということです。

自我について理解することが、自発的な感謝です。形式だけの感謝には意味がありません。日本人は形式的な感謝が好きですが、自発的に感謝する人が一人もいなかったら意味がないでしょう。

「謙虚」をはき違えている

俗世間の道徳では、「謙虚」という言葉を使います。しかし本当は、俗世間では「謙虚」ということは言えないのです。謙虚の反対にある「威張る」というのは「我を張る」ということです。ですから、正しい謙虚がなにかといえば、「我を張らないこと」なのです。しかし、みんな平等に、もれなく我を張っているのが俗世間です。誰もかれもが我を張っているのに、どうして一人の人間だけ謙虚にならなくてはいけないのでしょうか？　理屈が成り立ちませんね。

ですから「謙虚になりなさい」という言葉自体、気持ち悪いのです。

そうではなくて「自我は錯覚なのだから、我は張れるものではない」ということなのです。それをきちんと理解することが、本物の謙虚です。仏教からみれば「ああ、そうですか」という、いたってふつうの生き方なのです。

「必要」と「欲しい」を見極める

世間でいう「謙虚」とは少し違いますが、正しい謙虚な態度を一つ伝えておきます。なにかを欲しいと思ったときに、「必要」と「欲しい」の差をつけてみるといいでしょう。美味しいものをもっと食べたいという希望があったときにも、**必要と欲しいの差を見極めて、必要以上にとらないようにするのです**。それが正しい謙虚な態度です。

「許す」は格好悪い

同様に「許す」という言葉は世間一般では格好いいと思って使っていますが、仏教的には格好悪い言葉なのです。それを理解するには、まず「許せない」という感情を理解することです。

「許せない」は、「自分が正しい」と思っている人々に生まれる感情です。なにかうまくいかないことが起こると、それを認めたくないのです。自分の失敗を認められない場合は、「自分が許せない」ということになります。根本的に自分は正しいのに、どうしてこういうことが起こったのか、と考える。これが「許せない」という感情です。

「許す」という言葉は、最初に「相手が間違っている」と思っているわけです。「それなのに許します」ということですから、それは偽善的な許しです。「どう？　俺って格好いいでしょう」「あなたは私のお金をだまし盗りましたが、私は許してあげます。私はそういう人間です」ということですから。

「許し」は成り立たない

世間でいう単語と、仏教が見る世界では違いがあります。「許す」「許さない」ということのおかしさを理解するには「無常」を理解することが必要です。

先にもおはなししましたが、すべてのものは無常です。そして「無常」とは「不完全」という意味があるのです。完全なら変わらないでしょう？　不完全ならなんでも変わるのです。その状態ではいられないのです。なぜ一切は無常で変化しているのかといえば、**一切は不完全だからです**。不完全ゆえに変わらなくてはいけないのです。

坂道においたビー玉は転がります。高いところにあると不安定で、完全ではないのです。それで安定するところまで転がっていって止まります。食べるごはんも「無常」だから消化します。おなかが空いたらまた食べなくてはいけませんが、食べた物はけっしてからだには留まりません。出ていってしまう。だからまた食べ物を入れなくてはいけない。呼吸するのも不完全だからです。いかなる生命であっても生きることは「不完全」だから成り立っています。

心はなぜ妄想思考でずっと回転していくのかというと、ひとつも完全ではないからです。**次の思考へ、次の妄想へといってしまうのです。激しく変化しているのは不完全だからです**。なにが起きてもそれは不完全です。

なにもかにも、一切のことが「不完全」というのが本当の姿なのに、いったいなにを「許す」というのでしょうか？　もし、仏教でいうとおりに「すべての生命は不完全である」とわかるなら、「許す」「許さない」という言葉が出てこないところまで、心が治っていきます。

イエスは不完全ではない？

「許す」「許さない」は成り立たないということの理解ができたら、もう問題は解決です。苦労して「許してあげる」という苦行をする必要はないでしょう。人を許すために苦行してしまうと、かえってまずいのです。「自分が正しい」ということになります。イエスさまがそうでしょう？

十字架にかけられたイエスさまが「父よ、なにをしているのかわかっていないこの者たちをお許しください」と言ったと、感動的な場面が聖書に記されています。しかしこの言葉の裏には「自分は神の実子で、他の人間と違って無辜《むこ》の存在なのに無知な人々に殺されようとしている」という考えがあります。そのうえで、「彼らを許してください」と頼んでいるのです。

もし、自分が死刑を受けるべき罪びとであったならば、「この人々を許してください」と言う立場ではないでしょう。結局は「私は正しい、私は無罪、私は無辜、私は正義」という立場で、相手の過ちを許すのです。

自分も間違いを犯し、他人も間違いを犯す人間同士であるならば、許すも許さないも成り立たないと思います。

間違いを犯さない者はない

ありもしない神話ばかり書く聖書でも、一行だけまともな言葉があります。前作の『怒らないこと』でもご紹介したエピソードです。

姦淫《かんいん》の罪で、ある女性を裁くことになったのです。ユダヤ教の決まりでは姦淫の罪を犯した者は石を投げて殺すことになっており、女性は柱に縛られていたのです。そのとき周りの人々はイエスさまに聞きました。

「ラビ。われわれは姦淫の罪でこの女性を死刑にします。あなたはどう思いますか」。そのときイエスさまは「罪を犯してない人は最初の石を投げなさい」と言ったそうです。結果として、女性が助かったのです。このエピソードは、まともなはなしだと思います。

罪びと同士、不完全な者同士で、他人の過ちに対して指をさす権利も、他人を裁く権利も、許す権利も、基本的には成り立たないのです。

それでも度を超えた悪いことを自分にしたならば、それを許してあげることはできると思います。それは人間が実行すべき道徳なのです。「許す」という行為は道徳的行ないであると、キリスト教でも説かれています。しかしその理論は仏教のように理性的ではなく、神話的です。

キリスト教の思考によると「神とジーザスは完全だ」という結論になります。罪のない人はイエスさまだけだということになるのです。当然、イエスさま以外の人間は不完全に決まっているのです。完全たる神が、人間の過ちを条件つきで許すから、人間同士でも他人の過ちを許すべきだという論理です。これも見事なほどに不完全な思考です。

不完全な神

残念ながら聖書で語っている神は不完全そのものです。神がなにをやっても結果が悪いのです。神はそれに腹を立てるのです。本当なら神は自分の過ちに、自分に対して腹が立つべきところを人間に対して腹を立てるのです。人間を恨むのです。裁くのです。

ふつうに考えれば、神よりは人間のほうがましなのです。ようするに神も、神の実子であるイエスさまも不完全なのです。「完全」は成り立ちません。

「許す」が消える

つまり、「完全」という先入観があるゆえに、「許す」という言葉ができてしまった。しかし、存在は不完全です。それを理解してほしいのです。理解すれば「許す」という単語さえも消えてしまいます。そのとき、人間は正しいことをしています。人が失敗しても「ああ、そうかい」と。それで終わるのです。

世間では「許す」という言葉が格好いいと思っています。大乗仏教でいえば「みんな仏性をもっている」と言ったとたん、「格好いい」となってしまいます。ついつい、言葉に乗ってしまうのです。しかしこれはとても危険なのです。言葉尻に乗らず、きちんと意味を見極めなくてはいけません。

形だけの道徳ではうまくいかない

世間では、形だけの道徳でうまくいくと思っています。お釈迦さまは断定的に「形ではうまくいかない」とおっしゃっています。ただ、断食しただけ、ただ儀式的に嘘をつかないとがんばっただけでは、だめなのです。

新興宗教では道路掃除とかボランティア活動をしていますが、あれは一種の儀式です。何時間仕事をしたのかということで点数が上がります。「そんなことではいっこうに人が成長しない」というのが仏教の立場です。

世間では、優しい人間になろうとか、嘘をつかないようにしようとかいう形式的なことばかり。そりゃあ、形だけでも嘘をつかないほうがいいですが、形だけただ守っても、ストレスが溜まります。

「やってられない」状態になります。「やってられない」というのは怒りです。ですから、怒りたくないのに怒る結果になるという、無駄ばかりです。

本当に道徳的な人

お釈迦さまは「形式的に形だけで良い人間として振舞う人がいます。しかしそれは、自我に束縛されている以外のなにものでもない」とおっしゃいます。智慧の障害となる束縛のひとつということで「戒禁取《かいごんしゅ》」という専門用語もあります。

仏教の戒律は厳しいですが、真の道徳というのは理解から、智慧から、おのずと現れるものです。ですから智慧のある人に「あなたは、どれくらい戒律を守っていますか？」と聞いてもわからないのです。おそらく「え？　別になにもやっていませんよ」と答えるでしょう。「でも、あなたは嘘を言わないね」と言ったら「別にそんなつもりじゃないんだよ。ただ、人を騙してやりたいという気分にならないだけで」などと答えるかもしれません。

「すべては無常の流れですからね。無常なのに騙したって意味がない。ばかばかしいだけだ」で、終わってしまいます。「あなた、落ち着いてますねえ。すごい」と言っても、「別に変わるものに対して興奮する必要があるのかい？」という感じ。本物はそういう態度です。

理解がもたらすもの

大事なのは形式やうわべの道徳ではなく、「理解」です。理解とは智慧から生まれるものです。究極的には「**自我は錯覚なのだ**」と、なんとかがんばって理解してほしいと思います。これはあまりにも必然的で、どうということのない真理です。良い人間になろうとか、そんな気持ちは放っておいてください。

自我が錯覚だと理解できてはじめて、人々がみんなことごとく苦労して生きていることに気づくのです。エゴの錯覚が生み出す矛盾でみんな、苦しんでいることを発見するのです。エゴの錯覚に気づかず四苦八苦して生きている人々に対して、微塵も嫌な気持ちも怒りの気持ちも起こらなくなるのです。かわりに**すべての生命に対して憐れみの気持ち、慈しみの気持ちが起きてしまうのです**。それが怒りの終焉でもあります。

怒らない性格とは、真理を理解することによって、智慧によって、おのずから現れてくる人格です。

他人の気持ちがわかる人

自我は錯覚であると知ったなら、自分の母親が「家族のために」とがんばっている姿を見ても、その裏の心理がわかるようになります。「家族のために」というのは実は、「私のために」なのです。でも「家族のために、私はもうほんとに苦労していますよ」という気持ちでがんばっているのです。

そのとき、もし息子が「自我は錯覚だ」とわかっていたなら、「ああ、お母さんは自我のせいでけっこう苦しんでいるんだね」と理解して、「そんなに必死にならなくてもいいんじゃない？」と、親切にしてあげることもできます。「明日のお弁当は、夜の残りものでいいよ。自分でつめてもっていくから。お母さんは寝坊していいよ」と言ったりできます。

別に格好つけて言うわけではありません。「気持ちがわかる」ので、他人に対して、おのずから接し方が変わっていくのです。そういう本物の道徳を理解していただきたいのです。

智慧のあるやすらかな心

われわれに智慧が現れたら、自我が錯覚であると、自分は無常で変化するものであるとわかるのです。すると、「なあんだ、なにも困ることはないんだ」と、かつて感じたことのないほどの安心感を覚えます。「心配することははじめからなかったんだ」と思え、苦しみに対しても「別に」という感じになります。「苦しみというのは、ただ無常に対する自分の間違った反応だったのだ」とわかります。

それを「**智慧から生まれる限りのない喜び**」というのです。ほっとしている。ただ、それだけ。脳からエンドルフィンなどの物質を出してごまかしている世間の喜びとは違います。

そして智慧を育てるいちばんやりやすい方法は、ブッダが教えた真理を理解することです。真理を完全に理解したならば、もう二度と生命として、輪廻の世界に戻ることはありません。

第4章

幸せの道を生きる

勇気のある生き方

生命は誰でも怠けたい

ブッダの道を生きるのは、勇気の要ることです。怠けていてはできません。しかし、生命はどうしようもなく怠け者なのです。

生命の基本にあるのは怒りです。そしてなにをやっても苦で終わりますから「やっていられない。できればやめたい」という気分があります。この「できればやめたい」という気分は「怠け」です。生命は基本的に「怠けたい」と思っています。しかしやめるわけにはいきません。

できれば料理をしたくないですが、料理しないわけにはいきません。洗濯だろうが、仕事だろうが、同じです。われわれは「できればやめたい」と思いながらいろいろなことをやっています。誰の生命にも怠けはあります。「生きることは苦」ですから、自然法則で怠けが出てくるのです。

奮い立たせるもの

人は「生きることが苦」であることも知りませんし、怠けが「みんなにある病気」だともわかっていません。ですから、なにかをやろうとすると、自分を奮い立たせなくてはなりません。行動するためには興奮・衝動が必要なのです。そうでなければ、すぐ怠けてしまいます。

勉強はできれば怠けたいけれど、やらなくてはいけない。だから奮い立たせる。そこでトラブルが起こります。奮い立たせるときに自分にどんな暗示をかけるかで、問題が起きるのです。

たとえば「あいつらよりもいい点数をとってやるぞ」と思えば、奮い立って勉強できるでしょう。ライバルをつくってその人々を「軽視」して「俺のほうがすごい」と思ったりします。その悪感情で、怒りで、勉強する気持ちをつくるわけです。

結果はどうなると思いますか？　このやり方では、結局うまくはいきません。これでは「ライバルに勝ちたい」という気持ちだけで「勉強したい」という気持ちはないからです。勉強は本業ではなく、「あの連中より高い点数をとりたい」というだけ。ですから、まともな勉強にはなりません。

子育ても同じです。人間には怠けがあるから子育ても奮い立たないとできません。しかし、隣りの家の人がライバルだと思って奮い立ったら、子育ては失敗に終わります。

がんばっていても、奮い立たせるときの気持ちが怒り・嫉妬・憎しみ、「相手を倒す」というところから出ていると、良い成果は出てきません。

やってはいけないことの見分け方

人間はいつでも、なにかするときに「なにもやりたくない」「できればやめたい」と思っています。でも、やめるわけにはいかないからふんばっています。あえて自分を奮い立たせているのです。自分自身を「がんばれ」と応援してあげないと、なにもできません。**自分を奮い立たせるのは、すべての人間に共通して必要なことです。**

この世の中で、自動的に「やりたくてたまらない」ことといえば、パチンコやゲーム、飲酒、麻薬、そんな程度です。勉強や掃除や仕事などは「やりたくてたまらない」というカテゴリーには入らないでしょう。やりたいことは、やってはいけないことばかり。「やるべきこと」はぜんぶ「やりたくないこと」なのです。それが生命という存在なのです。「嫉妬」なら、言われなくてもしたいのです。

人間はそのようにできています。ふつうに勉強して、ふつうに仕事を見つけて真面目に仕事をするためには、精神的にもそうとうエネルギーをつくり出さないといけないのです。

自分のためになることの見分け方

仏教を理解しよう、心を清らかにしようと思ったら、自分を極限に奮い立たせることが必要です。自動的にできると思ったら大間違いです。

*五戒《ごかい》を考えてみてもわかります。嘘をつくことは簡単でしょう。つかないことはかなり努力が必要です。殺生なんか、いとも簡単でしょう。蚊が来たら、迷わずぱちんと殺してしまうでしょう。「殺さないことにするぞ」という戒はけっこうがんばらないと守れないのです。

この世でなにが良くて、なにが悪いことかを判断する、とてもわかりやすい目安があります。それは「良いことはしにくい。悪いことはいとも簡単にできる」です。これは本能なのです。

私たちははじめから、生きることには怒っているのです。本当はまったく怒るところではないのですが、もって生まれた「苦」のプログラムで、人は怒ってしまうのです。

*五戒／仏教を実践するうえで最低限のルールとして守るべき規律。①不殺生《ふせっしょう》（殺生しない）②不偸盗《ふちゅうとう》（自分に与えられていないものを取らない、盗まない）③不邪淫《ふじゃいん》（不倫をしない）④不妄語《ふもうご》（嘘をつかない）⑤不飲酒《ふおんじゅ》（アルコールや麻薬を摂らない）の五つ。

「精進」はあえてやるもの

悪い結果にならない、自分を奮い立たせるためのエネルギーを仏教は「精進(ヴィリヤ)」といいます。精進を意味する専門用語として、他には「パダーナ」「ワーヤーマ」「パラッカマ」といったパーリ語があります。

「正しく自分を奮い立たせる」という意味の言葉がいろいろあるのは、いかにあえて「精進」する必要があるかということです。生命には本来、怠けがあるから、あえてがんばる必要があるということです。「努力」とは生まれつき持っている性格ではないのです。がんばって育てなくてはならないものなのです。

自己暗示でも奮い立つ

なにか苦しい状況に陥った人が、宗教にすがって、祈りで打開しようとするのは、よくあるケースです。「こんなに苦しいのは、きっと神様がなにかお考えになっているからでしょう。じゃあ文句を言わずに、がんばりましょう」と思って、がんばるわけです。それは単純なマインドコントロールで、暗示です。

本当は祈っても、神にすがっても、なにも得られません。理性で考えれば無知な行いなのですが、たとえマインドコントロールであっても、自己暗示であっても、自分を奮い立たせなくてはならない状態だといえるかもしれません。

祈ることによっても、「じゃあがんばろうではないか」という気持ちが生まれる可能性はありますから。

理解で成し遂げる

しかし、理性から考えればマインドコントロールは格好悪いのです。理性を使って理解・学習できることをわざわざマインドコントロールされるのは情けない。ときに宗教は、人を動かすためにマインドコントロールを悪用したりもします。それは危険もともなう方法です。マインドコントロールされた時点で、誰かのロボットになって、自尊心もなくなってしまうのです。

そういうわけで「奮い立たせるためであっても、マインドコントロールだけは使わない」と考えましょう。理解で、納得でいきましょう。

世間一般では、宗教のマインドコントロールを受けない、自己暗示をかけない人々は、感情を衝動にしています。感情、つまり「欲」か「怒り」を使うのです。「良くなりたいなあ」「人気者になりたいなあ」などという気持ちで、がんばるのです。

しかし、感情ははじめから理性的ではないので、「だめ」です。良い結果にはなりっこありません。

成功はいつでもまぐれ

そして、がんばったからといって成功するとは限りません。世の中の大成功者や、大ヒット曲などは、たまたまのことです。成功はいつでもまぐれ。成功した数と失敗した数を比較したら、世の中には失敗した数のほうが圧倒的に多いでしょう？　「こうすれば確実に成功する」というのはあり得ません。

一人ひとりの人生を一分単位でみてみると、一日中失敗ばっかりです。そのなかで、たまたまうまくいくのです。

そもそも、「ヒット曲」とかいいますが、「この歌はかならず売れる」という確証はないので「ヒット」という言葉を使うわけです。たまたま「ヒット」しましたよ、ということです。売れたのはまぐれ。はじめから売れるとわかっているなら「ヒット」という言葉は使わないはずです。

がんばることは欠かせない

たしかに、欲でやっても、怒りでやっても、憎しみでやっても、成功すればいいということかもしれませんが、たまたままぐれでヒットするだけですから、そう簡単には人生はヒットしません。

とにかく、われわれにはとても「怠けたい」という気持ちがあるので、生きるためにすごくエネルギーが必要なのです。たとえ歯磨きでさえもがんばらないとうまくいきません。その「がんばることは欠かせない」ということをわかってほしいのです。

怒りは向上心ではない

本当は、奮い立たせるために、がんばるために、努力・精進するのが正しいやり方なのです。しかし、多くの場合、がんばるためになにか心に刺激を入れるときに、「怒り」や「欲」で心を起こしてしまうのです。それが問題なのです。

なかでも生命は怒りやすいので、けっこう怒りでやろうとします。怒りはなかなか力強いものです。

世間では、怒りのエネルギーを目標達成に向けるとか、競争心はすごいエネルギーなのでそれでやろうとしますが、結果は破壊的になります。

たとえば独裁者ヒトラーは、怒り憎しみで自分を奮い立たせていました。世界を震撼させて、国土も拡張し、一時はヨーロッパの大部分を支配しました。しかし、それは果たして成功だったでしょうか？

ヒトラーは完璧な怒り憎しみで政治をしたので、ドイツ人にとっても他の人々にとっても、結果は最悪になりました。

「これではだめ。もっとやらなくちゃ」というのは怒りです。向上心とはいえません。怒りは「向上したい」ではなく、「破壊したい」になります。

それに「ライバルより上にいきたい」という気持ちでがんばるということは、ライバルに管理されていることになるのです。自分で管理していません。そういう意味では、冷戦時代のアメリカは、実はソ連に管理されていたのです。

なぜ究極のエコカーがつくれないか

商品開発にしても、怒りで、競争心で開発しても、ほとんど役に立たないものしかできません。きまって破壊的です。自然まで破壊します。

エコカーにしても、地球を守るためのものであるはずなのに、ライバルに勝ちたいためにつくるから、とても開発の効率が悪いのです。もし、そんなにも二酸化炭素が問題ならば、どうしてみんなで話し合って団結して「地球を守ろう」とならないのでしょうか？

世界共通基準で、能力のある人たちが一緒になって開発したならもっといいものができるのではないでしょうか？　たとえば燃料電池などができて、すべての自動車メーカーがそれを使えるようにして、車をつくる人も団結してそれぞれが最高の技術を提供するなら、いい商品ができるのではないでしょうか。そうすれば人類は助かると思いますよ。一〜二年でガソリンを使う必要はなくなることでしょう。

でも、なぜすぐにそうならないのかといったら、儲からないからでしょう。怒りで、欲でやっているから、なかなか先に進まない。結果は破壊ばかりです。

成功する生き方

迷信や屁理屈を退ける

成功はまぐれだと言いましたが、そのためか、とかく人間は「ツイてる」「ツイてない」と考えがちですね。あまりうまくいかないと「運命が悪い」とか「ツイてない」といって気持ちを落ち着けようとします。

逆にうまくいっている場合でも、なぜうまくいっているか、その理由を調べずに「私には神様がついているんだ」とか、変なことを言ったりします。

問題は、「ツイてる」「ツイてない」という屁理屈で自分や他人の幸・不幸を納得して、落ち着こうとする考え方にあります。少し考えれば、どうしたっておかしいことに気づくでしょう。

なぜ一部の人には神様がついていて恵みを与えていて、一部の人は極限に不幸でどん底になっているのか。理性で考えれば、そんな理屈は成り立たないことがわかるはずです。

屁理屈ですまそうとするのは、自分で責任を取りたくないからです。つまり、「怠けたい」ということです。

結果を出すための方法

別になんの神秘があるわけではないのです。まぐれ当たりの大成功はたまたまですが、それ以外では適切な努力があれば期待する結果は得られます。それは当たり前です。

人間は空を飛ぶことはできません。もし、運命論にしてしまえば「人間は空を飛べない運命である」で終わります。そこで止まってしまったら、いつまでたっても空は飛べません。

しかし人間は、科学技術を発展させて、空を飛べるようにしました。今ではいつでも楽に、食事まで楽しみながら空を飛べます。

西洋の科学は、教会に反対して現れたものです。科学者がいろいろなことを調べたおかげで、世の中はずいぶん楽になりました。

ですから**期待する結果があれば、そこにいたるまでのあらゆることを分析して、ひとつひとつプロセスを踏めば達成できるのです。**やればいいだけです。しかし、やりたくない人はそう考えません。

問題は目的の良し悪し

なにか目的はあったほうが良いと思います。目的をつくって精進・努力でがんばる、奮い立つのです。そして一つひとつ、着実に進んでいきます。そのとき、大事なポイントがあります。それは自分のつくった目的が良いものか、悪いものかということです。

良かれと思った目的に達しても、「結果的にはやらなかったほうが良かった」と思うこともあります。理想の相手と結婚できても、あとで間違いだったと気づくこともあります。人間には一寸先はわかりません。

一般論では「目的はつくりなさい」といえますが、その目的で幸福になるかどうかはわかりません。イチかバチかでがんばることになります。

実行するのは役に立つこと

ですから目的をつくるときでも、ブッダの智慧を借りたほうが安心です。まず目的に達したときをイメージします。そしてそれは私のためになるか、それで私は幸福になるかを推測してみます。いわゆる利益を推測します。そのとき、みなさんには本当の「幸せ」というのがなにかわかりませんから、「役に立つかどうか」で判断したほうがいいです。

たとえ苦しいことでも、「実現したらみんなの役に立つ」ということであれば、充実感を得られます。しかも、論理的に考えられます。ただやみくもに「幸福になりたい」という気持ちでやると、論理的・理性的に考えられないので注意が必要です。

周りの人との関係もイメージしたほうがいいです。周りの人の役に立つか、人類一般の役に立つか、そこまで考えて「悪くない」と思ったら道徳的な判断で実行すればよいでしょう。

実行するあいだでも、「私の」「周りの」「人類の」役に立つのかというチェックをしていきます。もし途中で結果が悪くなると気づいたら、そこで実行はやめます。

最後まで実行して結果が出たときにもチェックをします。実行して良かったのか、悪かったのかと。もしはっきり悪かったとわかったら、やはり次からは止めたほうがいいです。

役に立っている実感があれば幸せ

目的にしがみついて、「なんとしてでも」と思うのは良くありません。独りよがりで、誰の役にも立っていないなら、精神的にキツいのです。人には、「誰かの役に立っている」という実感が必要です。そうでなければ社会にとって、いてもいなくてもどうでもよい存在ということになってしまいます。それこそ人にとっての「不幸」です。

逆に小さなことでも、「私はけっこう役に立っているんだ」と思えれば、楽に生きられます。

社会の役に立つといっても、大げさなことではありません。誰かにお茶を入れてあげるとか、なにかしらできることはありますから、それをしっかりとやればいいのです。しっかりとやるべきことをやっていると、人の悪口を言ったり怒ったりしている暇はないと思います。

ボランティアも怒りでやってはだめ

ボランティアも、たとえば貧困で苦しむ国へ行って、「自分の言うとおりにやらないからだめだ」と思いながら「自分は犠牲になっているんだ」と思ってやっている人がいます。自己満足です。怒りで奮い立って、自分の都合だけでやっています。それでは結果はかならず悪くなります。

いくらやっても「御苦労さま」というだけで、役に立っていない。そういう人々には、「みんなを幸福にしたい」という気持ちはないのです。ただ、自分を宣伝したいだけ。自分の思いどおりにやりたいだけ。その土地に住む人々にしてみれば、がん細胞ができたようなものです。

目的を小さな単位に分解する

なにか目的を達したいとき、ものごとを理解したいときは分析してみればよいのです。目的だったら、細かいプロセスや目標に分解してみます。そうすると、一つひとつの小さいコマが見えてきます。そうすればやりやすいでしょう。

たとえば商売の売り上げをあげたい場合なら、月に何個売ればいいのかと考えます。千個ぐらい売ればいいとわかったら、それから一日に何個売ればいいのかが導き出せます。そのように細かく数字にしてみると、やるべきことが明確になります。

あるいは、ある大学の合格を目指す場合なら、どれくらいの偏差値が必要で、そのためにはどれくらい勉強すればいいのか、計算して計画を立てます。覚える必要のある英単語を受験日までに一日何個ずつ覚えていくか導き出したりして、勉強を進めていくのです。

やる気が必要な仏道、ほどほどでいい世間のこと

この世でいちばんやる気が必要になることは「仏道」、つまり心の修行です。完璧なまでの強いやる気が必要です。瞑想実践、ヴィパッサナー実践は、もともと怠けたい人間がいちばんやりたくないことですからね。

しかし世間のことは、子育てにしても、仕事にしても、ほどほど、適量のエネルギーがいいのです。

「会社の仕事に命をかけます」という生き方はだめです。自分の命は退職してからも続くものです。子育ても同じです。命をかけても、子どもはいずれ大人になります。そのときも子育てに命をかけていたら、やり過ぎでお互いがつぶれてしまいます。

喜びならすべてうまくいく

なにかをやろうとするときには、欲でするのも、怒りでするのもだめなのです。必要なのは、喜びを感じることです。**喜びこそが「生きることは苦」という現実を緩和してくれるのです。**なにかをやるうえで、喜び・充実感を感じなさい、達成感を感じなさいということが大切なポイントです。それが成長の道、脳を開発する道です。

怒りで行うことは、一つひとつ、もれなく苦しいのです。ライバルに勝つために勉強すると、勉強する喜びが得られないので苦しいのです。

喜びをつくり出す

勉強であれば、勉強で喜びを感じるようにもっていきます。理解できないと喜びを感じないでしょう？　喜びを感じようとすれば、誰かに聞いたりして理解への道がひらけます。仕事で喜びを感じようとすると、人に言われなくても良い仕事をするほうへ向かいます。喜びがあれば、ストレスもたまりませんし、疲れません。

達成感は、細かく感じながら進むのがポイントです。目的に向かって十年後に達成感を感じるのではなく、一分ごとに、「これまでやったこと」に達成感をいちいち感じていきます。たとえば分厚いテキストのような本を読んでいるときでも、途中まで読んだときに「第一章までは読みました」「ここまでは読みました」と思えばいいのです。

その反対に、読んでいる途中で最後のページまでのページ数を見て「まだこんなにあるのか」と思えば怒りが出てきて嫌になってしまうでしょう。「ここまでやった」という喜びのほうにフォーカスするのが大事です。

脳科学的に考えても、脳が喜びを感じます。ストレスを感じると、鬱になってしまいます。喜びを感じると、筋肉も柔軟になります。達成感を感じながらなら、険しい山も登れます。山登りの苦しさを喜びが緩和するのです。

適切なエネルギー量でがんばる

しかし俗世間の目的をつくって、そこを目指してがんばっても空しくなります。苦労してセーターを手編みでつくっても失敗するかもしれないし、うまく編めてもずっと着られるわけではありません。腕をふるって料理をつくっても食べるのはほんの三〇分くらいで終わってしまいます。

目先の目標として項目を挙げてがんばるのは悪くないのです。美味しい料理をつくろうとか、がんばることがはっきりしていれば、がんばれます。しかし、あとでなにか空しくなってしまうのですね。

ですからなにか喜び、達成感を感じることにしたほうが良いです。悪い結果になりません。向上心もすごく出てきます。

そして、それぞれの仕事に応じたエネルギーをつくればいいのです。はりきり過ぎてもうまくいきません。努力であってもやりすぎはうまくいかないのです。かえって興奮し過ぎて失敗します。

初舞台に立つ人が、稽古に励んで「大成功させるぞ」と意気込んでも失敗するのがオチです。はりきり過ぎは禁物です。ほどほどに努力をしたら、あとは気負わずに自分のパートをこなせばいいのです。

仏教の生き方

ほどほどの努力では取り組めないのは、ブッダの教えを実践するときです。俗世間の仕事や子育てなら、「喜びや楽しみを感じればうまくいく」だけでいいでしょう。しかし、仏教はそんな程度にはおさまりません。

「エゴは錯覚だ」とわかることは、個人にとっては大胆な、革命的な発見なのです。その発見後、自分がいるんだ、という当たり前の実感も、変わって薄れていきます。自分がいるという実感はまだあるかもしれませんが、実感はどんどん変わっていくものであって、執着は成り立たないのだとわかります。

音でも、見えるものでも、良いことでも、悪いことでも、なんでも無常なのが当たり前だとわかります。おのずとなににも執着しない生き方になります。

慈悲を生きる

智慧と慈しみの生き方

お釈迦さまは、「**智慧を開発しなさい**」というのと同時に「**一切の生命を慈しみなさい**」と、二つの大きなことを教えていらっしゃいます。結局は、最終的にはこれらは離れない二つの足になります。「怒らない生き方」「幸せになる道」には、この二つが欠かせないのです。智慧と慈悲のある生き方こそが、本当に幸せな生き方といえます。

なぜ一切の生命に対する慈しみをもつのかといったら、一切の生命が自分と同じように、本気で苦しんでいるからです。

誰もが苦しんでいるから、慈しむ

病人に向かって怒る人はいないでしょう？　病人は苦しんでいます。泣いたり叫んだりしていても「ああ、苦しいだろう」と思うだけで、「だまれ、うるさい」とか、正気の人間なら言わないでしょう？

一切の生命は本気で苦しんでいますから、慈しみで接するのは当たり前のことです。しかし、それをやっていないのは、エゴの問題、極まりない幻覚の問題です。人間は恐ろしい性格なのです。

「慈悲の瞑想」で怒りがなくなる

仏道、仏教を実践する人は慈しみを実践するのが義務です。具体的には、

「私は幸せでありますように」

「私の親しい生命が幸せでありますように」

「生きとし生けるもの（一切の生命）が幸せでありますように」という言葉を繰り返し繰り返し心に念じ、自分の認識プログラムを改良してくださいということです。

それでもう怒らなくなってしまうし、自我もなくなってしまいます。論理的にはどんな生命でも「幸福になりたい」という気持ちをもっていて、幸せになることを期待するのは当たり前です。ですから、生命の幸福を念じる「慈悲の瞑想」は、宗教とは関係ありません。

自分以外の「生命のおかげ」で生きている

生きているのは「自分以外の存在のおかげ」です。生命は、単独では生きられないようになっています。

石は食べられませんが、キャベツは食べられますね。キャベツも半分は植物として生きているものです。そういう、他の生命のおかげでわれわれは生きています。空気と水以外は、みんな生きているものです。薬にしても植物から抽出する薬は、副作用が少なくききます。化学的に合成するものはからだに危険なのです。

命というのは、一人で成り立つものではありません。生まれて一週間、生きていたら、一週間ぶん、「おかげさま」なのです。四〇年生きていたなら、どれくらい他の生命に生かされてきたかということです。他の生命が、生かしてくれたのです。

「他の生命のおかげで生かされています」ということを忘れると、もうはなしになりません。ごはんをつくってくれた人に「おまえはバカだ。気持ち悪いんだ。オニだ。出ていけ。殺してやりたい」と言うでしょうか？

いとも簡単に人を恨んだりするわれわれは、実はそういうことをやっています。恐ろしいことです。

慈しみが生まれてくれば怒りが消えていく

「慈しみは当たり前」ということを、智慧で、理性で理解しておけば、おのずから慈しみが生まれてきます。生まれてこない場合は、念じて念じて、頭のプログラムを入れ替えていきます。入れ替える過程で怒りが自動的に消えていきます。

最終的には「自我がない」ということを自分で経験することになります。自我が成り立たない、幻覚であると発見すると、一番目の覚り「預流果《よるか》」に達します。エゴイストでなくなったら、もう、その時点でかなり怒りがなくなっています。

罪のない怒り

「自我がない」と経験して、一番目の覚りまで達しても、たまたま機嫌が悪くなることもあるし、子どもに勉強させようと思ったのに逃げられてしまったら追いかけるはめにもなります。

しかし、その程度の怒りです。ぜんぜん罪になりません。

第一ステージに達しても、怒りは完全に消えるわけではないのです。ただ、罪にならない、問題にならない、失敗しない程度のものになります。怒ったとしてもなんの失敗もしません。相手にはなんの迷惑もかけません。ちょっと話すだけで終わります。

怒っても、キツいことは言いません。人に悪口を言うところまでは、感情が上がりません。「これ、やめてちょうだいよ」「そんな性格は嫌ですよ」という程度です。

怒りを完全に克服するとは

預流果の段階では、自我が幻覚だとわかっても感覚はありますから、美味しいものを食べれば「美味しい」と思ったりもするし、「食べたい」とも思ったりします。さらに瞑想すると、「そんなに執着しなくてもいいんじゃない?」という冷静さが生まれてきます。それで、ますます怒りが減っていくのです。

仏道で目指すのは、最終的に怒りをなくすことです。覚りの段階は、四段階あります。そのうちの三番目の覚りにいたるまで、われわれは怒りに悩まされます。最終的な解脱である第四段階を「**阿羅漢**《あらかん》」といいますが、阿羅漢まであと一歩しか残っていない、その段階まで怒りに悩まされます。だから、怒りがいかにたちの悪いものかということなのです。

怒りを完全に克服したということは、すべての煩悩がなくなって*無明《むみょう》が完璧になくなって、完全な智慧が現れたということです。そういうと難しく感じるかもしれませんが、一貫して「理解すればいい」というはなしなのです。最終的な覚りをひらいた＝智慧が完成したということですから。

*無明／ものごとを認識するときに「捏造」してとらえてしまう、すべての生命にある心の働き。覚りから遠ざけるこの「無明」は、「智慧」によって破られる。

慈しみを植えつける

完全な怒りの克服に向かって、どこまでできるか、ぜひチャレンジ精神でがんばり続けてください。

まず、生命のシステムを理解して、怒りにしっかり気づいていけば、感覚のシステムは同じですが、「嫌だな」と思う怒りはなくなります。

たとえば、雨が降っているときに「嫌だな」と思うと怒りですが「ああそうか、雨か」と思えば怒りではありませんね。「だからなに？」という気持ちでいれば、雨を「苦」にして悩むという必要はなくなるわけです。良いも悪いもそういった価値判断はなくなります。

その「ああそうか、雨か」という「納得」が答えです。「ああ、そう。すべては無常だからね」となります。苦しみがなくなるのではなくて、苦しみはそんなに気にしなくてもいいということになるのです。

そこまでに達するためには、人間は怒りやすい生き物ですから、強引にでも怒りの反対の気持ち「慈しみ」を植えつけないとうまくいきません。

「役に立とう」「嫌な気持ちでは生きないこと」「みんなが幸せでありますように」という気持ちは、われわれには本来ないものですから、わざわざ植えるのです。もともとあるのは「嫌だ」という気持ちだけですから。

慈しみを人生論とする

「人間の本性に立ち帰る」とかいう言葉を聞くことがありますが、それは危険なことです。**人間の本性は「怒り」です**。本性は、人の噂ばなしや欠点が知りたくてたまりません。そんな本性にもどったら破壊・失敗です。

そうではなくて、「私は慈しみで生きる」ということを人生論にするのです。慈しみが人生論になったら、怒りはどんどん弱くなって、ついには出てこなくなります。本性はたたきつぶさなくてはいけないのです。本性をつぶせば、立派な人間になっています。慈しみで生きれば、それは実現できます。

「慈しみ」を自分のモットーにすれば、不幸はなくなります。人生はらくらく簡単に幸福になっていくと思います。

対談

ゾフィー 上田航平

怒りの原因は、本当は笑いの種

アルボムッレ・スマナサーラ

上田航平　お笑いコンビ・ゾフィーのメンバー。キングオブコント2017、キングオブコント2019で決勝に進出。コントが好き過ぎる人たちを集めた「コント村」の村長を務める。海外ドラマ好き芸人、読書好き芸人としても活躍中。

期待をすればするほど怒りたくなる

上田：『怒らないこと』を読んで、テレビ番組で紹介させていただきました。『怒らないこと2』のほうは、よりシビアで論理的でした。仏教は、科学と論理で真理を証明するということを痛感する一冊でした。みんなに平等で優しくする気持ちを大事にしよう。だから怒らないというのではなく、**そもそもなぜ怒るのかということ**を冷静に分析するということが大事なんですね。また、僕は「期待すること」は大事なことだと思っていました。でも、期待していた理想と現実の違いが怒りを生むわけで、期待している前提で進むから、うまくいかないと怒る。そう考えると、SNSでムチャクチャ怒っている人は期待しているんですよね。「世界は期待どおりになる」と本気で思っているから、それが全部違って怒る。そういう意味では、みんな性格がいいなと思いました（笑）。

僕は自分が傷つきたくないので、期待しないように気をつけて生きていますが、それでも気を抜くとつい期待しちゃいます。

スマナサーラ： たいてい期待ばかりするものです。私たちは、小さいときから将来を期待されて育てられます。大人がいろいろ勝手なイメージをして、妄想した結果を期待されてがんばります。私たちも子どもの頃は、「宇宙飛行士になりたい」「電車の運転士になりたい」などと言いますが、必ずなれるわけではありません。だからといって子どもは怒りません。期待していたことがうまくいかなければ、「まあいいか」となります。そうでないと思ってしまったら、落ち込む。それが怒りです。そもそも、思ったとおりにものごとが動くと期待すること自体がおかしいのです。

上田： そうですよね。ずっとトントン拍子のわけがない。いいことがずっと続くと周りが見えなくなる。だから僕は早目に「そろそろ嫌なことが起きるかも」と考えるようにしています。そちらのほうが後で楽なので。

スマナサーラ： たとえば、ソファに座っていて、ティッシュを丸めてゴミ箱に投げたら入らなかった。イラッとしますね。仕方がないので、立ち上がって、ティッシュを拾ってまた投げます。怠けないで立ち上がって捨てにいけば一回で済みます。そこで発想を変えて、**「狙いどおりにゴミ箱に落ちるかどうか試しにやってみよう」という気持ちで投げれば、入っても入らなくても楽しいものです。**

上田：なるほど。絶対入ると思って投げて入らなければ、たしかにムカつきます（笑）。入らない可能性をちょっとでも想像できれば気持ちが全然違います。

スマナサーラ：これもある、あれもあると選べたほうが安心しますね。

上田：それは、怒る前の準備ですよね。いろいろな選択肢を考えておけば、怒らなくて済みます。もし怒ってしまったら、早く気づいて早く消すのですよね？

スマナサーラ：怒りだけはなるべく早く消したほうがいいです。怒ったらすぐ気づいて、振り返ること。ゴミ箱にティッシュを投げて、上手く入るよう期待した。しかし入らなかったというのは、投げたときの意識や角度によって成り立った結果です。「入れたい」と思うだけで入るわけではありません。そう理解できれば、怒ったとしても、「怒った私がバカなのだ」と落ち着けます。

上田：テイッシュがゴミ箱に入らなくても、怒らないかもしれません。でも、自分が大事にしている仕事で、やる気のない人と一緒に仕事をしたせいでみんなの仕事がなくなって、その人が大勢にひどいことをしたと思ったら、怒りが湧いてきてしまいます。

スマナサーラ：その場合は、純粋にマネジメントの問題ですね。問題を起こした人と引き続き一緒にやるにせよ、辞めてもらうにせよ、怒りの感情を交えないほうが楽です。そうすれば、たとえ別れたあとでも、ふつうに友達関係を続けられますからね。

上田：それも選択肢なんですね。たしかに解決策の一つに、怒りはまったく必要ないですね。となると、やはり怒るということは、相手を上から見ているということなのでしょうか。怒るとそこに上下関係が生まれているように感じます。

スマナサーラ：上下関係では問題を解決できません。たとえば、学校の先生が偉いのは学校にいる時間だけです。会社でも、管理するなどの役割がありますけど、仕事が終われば、ただの人です。われわれは、一時的な価値観を強力な粘着剤で永久に貼ろうとします。私たちの関係も今だけです。

上田：でも、レッテルを貼ったほうが楽ですよね。「あの人はああいうんだ。仕方がない」と。

ものごとはいつも変化する。そのときの役を全うすること

スマナサーラ：上田さんは24時間お笑い芸人ではありませんよね。買い物へ行ったり、家族と話したりしますね。人々を笑わせるため着々とがんばって、工夫したり研究したりしますよね。私も、生まれたときから坊主ではありません。長い間

勉強して、今ここにいるだけです。誰かに「生臭坊主」と非難されても、どうということはありません。だって肉体をもっているのだから、生臭いに決まっているでしょう。ポイントは、どんなものにも永久保存版的なレッテルを貼ってはいけないということ。われわれは一つの役をやっているわけではありません。人生はその場、その場で変わるのです。バスや新幹線、飛行機に乗ったら、その場で人生が変わります。自転車に乗ったらまた違う人生です。動くだけ、移動することだけでも、自分の役回りは変わります。

上田：そうか、自分も相手もずっと変わっているということですね。でも、つい安定を求めて何もかも決めつけてしまう。

スマナサーラ：レッテルを貼らないことは格好いいですよ。ものごとは白黒で割り切れません。その場、その場で変化します。絶対に変わらないものがあるなら、人間は最初から知っているはずでしょう。たとえば、太陽はわれわれより前に現れたものです。誰かに「ほらっ、太陽があります」と、わざわざ教える必要はありません。変わらないものを探すのではなく、「変わることが法則なのだ」と理解すればよいのです。病気に罹るのは、体が変化するからです。薬を飲んだり、手術をしたりして治るのも、同じ法則です。変わるからこそ、世の中に美しさがあるのです。無常でなければ、一切のものごとは成り立ちません。**無常を知っている人は怒らないのです。**

上田： たしかに無常ではないと思おうとしてるんですよね。こうだと思ってレッテルを貼るから、怒る。変わらないと思うことが怒りになるわけです。それはわざわざ意識しないでも、そう思ってしまうんですよね。

スマナサーラ： 脳に問題があるのです。脳は、変わらない概念をほしがります。脳が判断するためには、何かが「ある」という前提が必要なのです。目に光という情報が入ると、その情報をすべて束ねて脳に送り、過去に「あった」概念と照らし合わせて「ここに花がある」という仮説を瞬時につくります。われわれの問題は、**脳がデータ処理をするためにつくった仮説を固定した事実のように勘違いし**

てしまうことです。その勘違いから、怒りが生まれるのです。

ところで、上田さんが真剣にお笑いの研究をしてネタをつくって、みんなに発表したとしましょう。でも、発表したら、「えーっ」という顔をされたとします。

上田：それは、もうよくあります。絶対おもしろがってもらえるだろうと思っていたのに、そうではなかった。ショックを受けます。

スマナサーラ：それも怒りです。落ち込んだ、自分に能力がない、相手の態度が悪い、などとあれこれ怒って混乱します。それもまた期待＝怒りなのです。そのとき、「今日はこのネタを実験として出す」と思ってみてください。実験は成功することも失敗することも両方あります。ネタを出してみて、よかったらそれを使えばいいし、ウケなかったらもっと磨けばいい。そうやってトライするのです。

上田：**実験として考えたら、失敗する可能性もわかりますね**。さっきのゴミ箱にティッシュを投げるのと同じ感覚で表現すればいいということですね。そう考えたらお客さんに評価してもらえるかそうでないかも一緒ということですよね。

スマナサーラ：実験ならば、失敗しても成功しても、理性を育てられます。理性から見れば、「失敗」と言えるものはないのです。失敗したら「この点がおもしろがってもらえなかった」と、成功すれば、「ここはおもしろがってもらえる」とデータを取れますから。実験では、**成功も失敗も、どちらも成功、ということになります**。それならば、怒る理由などなくなってしまいます。

上田：無敵ですね（笑）。理性は最強ですね。常識だと思っていることが、合理的に考えたら違うという発見がたくさんありました。感情や怒り、嫌悪で瞬間的に事実を判断してしまいそうになりますが、それらはいったん横に置いて、冷静に物事を並べて考えていけばどっちでもいいじゃんと思えます。

台本を一生懸命書いているとき、ライバルのことが頭に浮かんで怒りの感情や、才能がないのかなとか、いろいろな感情が出てきて作業の邪魔になることがあります。でも、落ち込んだり怒ったりする暇があったら作業をしたほうが能力は上がりますよね。ふとした瞬間に嫉妬や劣等感が生まれるんですけど、その間はまったく成長していないので、無意味だと思えるようになりました。

スマナサーラ：それは、自分が人生の場面から外れているということです。人生を劇場の舞台だとすれば、自分はその時々の役を演じなければいけない。もし、主役が舞台から離れてチョコレートを食べていたら、その舞台は大失敗です。

台本を書くときも、明るく楽しくつくらなくてはならないのに、嫉妬したり、ライバルのことを考えたりすると、舞台から降りるはめになってしまいます。人間は能力勝負なので、能力を上げるしかありません。そうすれば自然の流れで評価されます。期待より、プランニングです。プランニングしてアクションを起こしてみる。そこからさらに調整して新しいものにしていかなくてはいけないのです。決して難しくありません。**ものごとは変わるのですから。**

上田：シンプル！　変わらないと思っても変わる。変わることだけはずっと変わらないんですね。

本作品はサンガより2010年8月に刊行された
『怒らないこと2』を再編集して文庫化したものです。

アルボムッレ・スマナサーラ

スリランカ上座仏教（テーラワーダ仏教）長老。1945年、スリランカ生まれ。13歳で出家得度。国立ケラニヤ大学で仏教哲学の教鞭をとったのち、1980年に国費留学生として来日。駒澤大学大学院博士課程で道元の思想を研究。

現在、宗教法人日本テーラワーダ仏教協会で初期仏教の伝道と瞑想指導に従事し、ブッダの根本の教えを説きつづけている。朝日カルチャーセンター（東京）の講師を務めるほか、NHKテレビ「こころの時代」などにも出演。

著書に『心がフッと軽くなるブッダの瞑想』『ブッダが教える 執着の捨て方』（だいわ文庫）、『死後はどうなるの？』（角川文庫）、『ためない生き方』（SB新書）、『怒らない、落ち込まない、迷わない 苦を乗り越える宿題』（幻冬舎）、『52の「心所」で読み解く仏教心理学入門』（誠文堂新光社）など多数。

だいわ文庫

怒《おこ》らないこと2

著者　アルボムッレ・スマナサーラ

二〇二二年四月一五日第一刷発行

発行者　佐藤 靖

発行所　大和《だいわ》書房
東京都文京区関口一-三三-四 〒一一二-〇〇一四
電話 〇三-三二〇三-四五一一

フォーマットデザイン　鈴木成一デザイン室

本文デザイン　庄子佳奈(marble plant inc.)

本文印刷　信毎書籍印刷

カバー印刷　山一印刷

製本　小泉製本

ISBN978-4-479-32008-1
乱丁本・落丁本はお取り替えいたします。
http://www.daiwashobo.co.jp

だいわ文庫の好評既刊

＊印は書き下ろし

アルボムッレ・スマナサーラ
怒らないこと
怒らない人にこそ智慧がある。人類史上もっとも賢明な人、ブッダは怒りを全面否定しました。その真意を平明に解き明かします。
700円
176-5 B

＊アルボムッレ・スマナサーラ
心がフッと軽くなるブッダの瞑想
歩いて・立って・座ってできるブッダの瞑想。「今」という瞬間に完全に集中し、本当の「自分」に気づく心をきたえます。
600円
176-1 B

アルボムッレ・スマナサーラ
老いを自由に生きる
とらわれない・持たないブッダの智慧
「長生きしたい」と思った瞬間、老いるスピードは加速します。体の手当よりもまず心のめんどうを。さわやかに生きるブッダの智慧。
650円
176-2 B

アルボムッレ・スマナサーラ
ブッダが教える意志力の鍛え方
意志が弱い、根気が続かない……。座禅や瞑想で意志は強くなる？　ブッタに学ぶ強い心のつくり方。
650円
176-3 B

アルボムッレ・スマナサーラ
ブッダが教える執着の捨て方
怒りや不安、思い込み、マンネリ、エゴは潔く捨てられる！「離れること」によって生まれる喜び、ブッダの手放す生き方。
650円
176-4 B

表示価格はすべて本体価格（税別）です。本体価格は変更することがあります。